연희동
우현이 걷다

우대성
현영미
걷고
찍고
쓰다

P[.]

걷기
시작

'연희'라는
동네

연희동에 온 지 몇 해가 지났다.
내가 사는 동네를 '어떻게' 안내하면 될까.
동네에 살면서 겪고 만난 풍경과 일상의 매력을
발로 쓴 글로 탐색하고 싶어졌다.
52주보다는 자연의 리듬인 24절기에
맞춰보는 건 어떨까.

입춘 우수 경칩 …… 동지 소한 대한.

우씨와 현씨는 그 리듬에 따라
집의 뒷산 궁동산과 안산을 오르고
골목길을 걸으며
동네에서의 계절 변화를 느꼈다.

골목마다 걸을 곳이다.
계절마다 걸을 곳이다.

같이 걸어도
혼자 걸어도
맨몸으로 걸어도 좋다.
도시락을 챙겨 걸으면 즐겁다.

오늘도 문을 나선다.

연희동은 안산과 궁동산, 홍제천이 병풍처럼 동네를 둘러싸고, 경의선 철길이 마을 앞을 지나는 동네다. 3면을 둘러싼 산과 동쪽의 학교들이 연희동의 안정과 느린 변화를 지키는 핵심이다. 1420년 세종대왕이 '연희궁과 서잠실'을 만들며 '연희'가 시작되었고, 1966년 '연희지구 토지구획정리사업'으로 지금의 모습을 갖췄다. '연희동'이란 이름은 조선시대 서이궁(西離宮)인 연희궁(延禧宮)의 궁호가 지역 이름으로 널리 쓰이다가 1946년 행정명칭으로 확정되었다.

걷는
순서

첫 번째
절기

입춘 立春

봄님
들어오소서

궁동산

'봄님 들어오소서.'
참 매력적인 발상이다.
입춘이란 이름은 계절과 대지를 생명의 절대자로 간주한다.
현대인 특히 도시인의 생활은 절기에서 멀어졌다.
지구는 몸살을 앓아 사계절의 뚜렷함이 줄어들었지만
덥고 춥고의 리듬은 변하지 않았다.

"요리의 핵심은 '절기'예요. 지금, 이 순간 가장 맛있게
무르익은 재료를 사용해 음식을 만들지요.
음식하시는 분들은 24절기를 꼭 지켜요.
우리는 4계절 12달로 1년을 소분하지만 그분들은
24절기로 나누지요. 그렇게 되면 2주에 한 번
생명의 순환과 리듬이 바뀌게 돼요.
가장 맛있는 재료가 2주에 한 번 달라지는 셈이지요."
디자이너 임태희의 분석이 삶의 핵심을 꿰뚫었다.

입춘 이전에 새싹 3가지를 먹으면 보약을 먹는 것이라 했다.
미나리·당귀 싹·다래·냉이…….
도올은 냉이꽃이 피어있는 모습을 보고
그것은 그 나름대로 온 힘을 다하여 전력하고,
전진하고 있는 것이라 했다. 역시 입춘의 지표는 냉이다.
궁동산은 아직 냉이를 보여주지 않는다.

궁동산 산책로, 길은 늘 호젓하고 동네를 한눈에 볼 수 있는 곳이다.

동네길 걸어볼래?

언제?

주말마다 어때.

이곳에 온 지 5년이 지났다. 동네에 살면서 만난 풍경과 일상의 매력을 탐색해 보고 싶어졌다. 52주보다 24절기가 적당할 것 같다. 올 한 해 절기에 따라 동네를 느껴보자. 아내와 함께 궁동산을 오르고 골목길을 매주 걷자고 했다.

입춘 · 우수 · 경칩 · 춘분 · 청명 · 곡우 · 입하 · 소만 · 망종 · 하지 · 소서 · 대서
입추 · 처서 · 백로 · 추분 · 한로 · 상강 · 입동 · 소설 · 대설 · 동지 · 소한 · 대한

현대인은 겨울을 한 해의 처음으로 삼지만, 선조들은 봄을 절기의 처음에 두었다. 겨울을 지난 기쁨으로 땅을 마주하면서 농사 준비로 한 해를 시작했다. 절기는 기품이 있는 작명으로 땅과 자연의 리듬을 따라 몸과 마음을 준비하도록 설계되어 있다. 절기의 이름은 봄·여름·가을·겨울을 닮았다.

궁동산의 매력은 뭘까?

연희동은 동쪽 '안산'과 서북쪽 '작은안산' '궁동산'에 포옥 묻힌 동네다. 4만 평 크기의 궁동산은 작은안산과 이어져 있다. 산 사이에 작은 도로가 있지만 단절된 느낌은 없다. 궁동산은 1940년 3월 공원으로 지정되었다.

궁동산을 한 바퀴 샅샅이 보면서 설렁설렁 걸으면 한 시간이 걸린

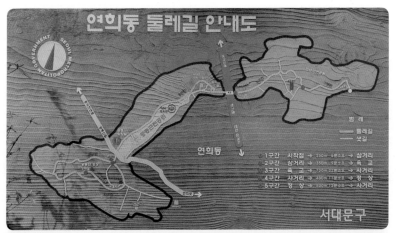

(상) 연희동 둘레길 안내도. 왼쪽이 궁동산, 오른쪽이 작은안산이다. 5구간을 다 합쳐서 2.2km다.
(하) 궁동산에 남아있는 1971년 5월 준공된 경로당. 집 지을 수 없는 곳에 들어선 묘한 건물이다. 1960년
대 후반 연희동 시범아파트의 부산물이 아닐까.

다. 전체 길이 2,230m. 입춘의 추위에도 땀이 찰 만큼 적당한 거리이다. 도심인 이 동네에 산이 있다는 것은 축복이다. 산을 넘어 홍제천까지가 연희동이다. 해발 104.3m의 정상을 산이라고 부르기에 민망하지만, 동네에선 우뚝 솟은 산이 분명하다. 배산背山의 명당 느낌을 준다. 더구나 이름이 '궁동宮洞'산 아닌가. '연희궁'에서 유래된 '궁'과 이 지역에 남아있던 마을 이름 '궁동'의 흔적이다.

궁동산을 '궁동산 공원'이라 부르지만 조성된 공원보다는 거의 자연 그대로의 산이다. 아까시나무, 왕벚나무, 소나무, 히말라야시다, 배롱나무, 스트로브잣나무, 느티나무 사이에 사람 다니는 길을 조금만 다듬어 동네 공원이 되었다. 자연에 숟가락을 잘 얹었다. 야생 느낌이 살아있는 것이 궁동산의 매력이다.

섣달그믐에 궁동산의 둘레길을 걸었다. 냉기와 온기가 얼굴에서 만난다. 영하 10도 체감온도 영하 25도, 산마루를 넘어온 바람에 얼굴이 시리다. 왼쪽 얼굴은 남쪽 햇살이 비추고, 오른쪽은 홍제천에서 올라온 찬바람이 콧등에서 만나 묘한 부조화를 이룬다. 덕분에 콧물이 줄줄 흘렀다.

산길에 새로 깐 야자 매트가 노란 광채를 내고 멀리서 쇠를 자르는 소리가 들린다. 내부순환도로 쪽으로 전망용 나무데크를 설치하고 있다. 봄맞이를 준비 중이다. 발에 뿌리가 걸리는 거친 길이, 찔레 가시가 생채기를 내는 야생 그대로가 좋은데…. 쩝.

(상) 비오톱 1등급인 궁동산에 고급빌라를 지으려다 불법으로 중단된 공사현장. 마을 산책로는 공사용 가림막으로 막혔다. 오랫동안 동네 사람이 다니던 길이다.
(하) 궁동산에서 바라본 북쪽, 내부순환로와 아파트 숲으로 바뀐 모래내.

노란 꽃, 분홍 꽃이 핀 날 도시락을 싸서 다시 오자.

알았어. 경칩은 지나야 훈풍이 불 텐데.

겨우 104.3m 높이인데 궁동산은 평지보다 수십 배의 힘으로 다가온다. 산의 남쪽은 전용주거지역과 풍치지구로 2층 이하의 낮은 집만 지을 수 있어서 산의 존재감이 더 크다. 산이 품은 숲의 표피는 가늠이 어렵다. 십수억 년 전 만들어진 편마암의 풍화를 딛고 절기마다 바뀌는 풍경을 만드는 숲 때문일 것이다. 도심의 작은 산 하나는 수십 수백 배의 평지보다 값지다.

1971년에 지었다는 손글씨가 새겨있는 '경노당'을 지나, 궁동산 체육관으로 이어진 둘레길은 서연중학교 위의 산마루에서 끊겼다. 아니 막혔다. 수백 년간 주민들이 이용하던 길인데 누군가 막았다. 비오톱 1등급 땅을 꼼수로 개발하려던 자본의 욕망이 철퇴를 맞아 중단된 현장이다. 자연을 갉아먹다 중단된 모습은 참혹하다. 자연 상태로 회복될 기미도 방법도 없다. 숲과 길은 회복과 연결을 소망하지만 실현시킬 주체가 없다. 마을 운동이라도 벌여야 할까 보다.

궁동산의 매력 중 하나는 다니는 사람이 적어 호젓하다는 점이다. 길은 잘 정비되었지만 등산객은 바글거리지 않는다. 남서쪽으로 걸으면 정상까지 주욱 외길이다. 산중턱에 있는 작은 샘터를 지나면 산에 의지한 집들이 시선 아래로 보인다. 이곳은 상암동에 방송사들이 옮겨오면서 연예인들이 하나둘 모여들고 있는 지역이다. 그 위에 군부대가 있다. 서울수복의 최대 격전지였던 '104고지 전투'의 흔적과 함께. 그래서 산 정상에 세워진 정자의 이름도 백사정이다. 그곳엔 동네 주민들이 모아둔 의자가 옹기종기 정겹다. 모두 다른데 묘하게 어울린

(상) 궁동산 정상 '백사정'에 모인 의자들. 묘하네.
(하좌) 궁동산을 오르는 계단의 끝 처리. 등산화에 걸리고 모서리가 자주 깨지는 문제점을 개선해서 만들었다. (하우) 궁동산 정상에 매어둔 표시. 18,938산 정상을 모두 밟았다는 누군가. 와우.

다. 나름대로 위계질서를 갖췄다.

정상 부근 나무에 걸린 표식에 '18,938 산을 오른 남자. 서울 광진 문정남'이란 문구가 선명하다. 전국의 산 18,500개를 등정한 기념으로 이곳에 왔다는 흔적이다. 감히 가늠하기 어려운 등반 숫자다.

나무 계단에 눈길이 간다. 나무 끝을 사선으로 잘라 모따기를 했다. 산을 오르내리는 발걸음을 고심한 흔적. 누군가의 마음이 보인다.

자기는 운동 대신 여기 걸으면 되겠네.
아니 왠지 으슥해서 무서워.
여자 혼자 걸어도 마음 편한 길이 되었으면 좋겠어.
궁동산에 바라는 아내의 소망은 작지만 중요하다. 편안함은 모두에게 일상의 공간이 되는지를 가르는 잣대다. 출발점이었던 서대문 04번 버스 종점에 돌아왔다. 근처 집의 대문엔 '입춘대길立春大吉'이 붙었다. 봄은 손꼽을 만큼 다가왔다. 오늘 쬐금 눈발이 날렸지만 그래도.

두 번째
절기

우수 雨水

봄비,
올핸 눈이 내렸다

경계

겨우내 포근하더니 우수를 앞두고 많은 눈이 내렸다.
계절이 거꾸로 간다. 땅이 촉촉해졌다.
하늘에서 내린 물, 비든 눈이든 좋다.
농사를 직접 짓지 않는 우리에게 우수를 떠올리게 하는 것은 오히려
'정월 대보름'이다. 절기인 우수가 정월 대보름에 밀렸다.
봄비가 매번 이날에 맞춰서 내리진 않을 것이나
정월 대보름은 매해 반복된다.
대보름의 의미와 행위가 워낙 강력해서 '우수'는 존재를 드러내기
어렵다. 그래서 우수의 절기 음식은 대부분 대보름 음식이다.
계절 음식이라기보다 가을걷이 곡식의 잔치다.

자기는 잡곡밥 싫어하면서 꼭 이날은
오곡밥 타령하는 건 왜 그래?
난 하얀 쌀밥이 좋다. 이밥, 제주도에서는 곤밥이라 한다.
어릴 땐 명절날 찰밥 대신 혼자 딱딱하게 식어 굳은 흰밥을
먹었다. 어른이 되니 정월 대보름엔 색깔 밥이 먹고 싶어진다.
그걸 먹어야 한해를 무사히 지날 것 같은 느낌 때문이다.
떡국, 추석 음식, 동지팥죽은 그렇지 않은데 정월 대보름만 그렇다.
아내는 구시렁거리면서 그 번거로운 걸 챙긴다.
평소에 먹던 음식이 아니니 따로 오곡을 사야 한다.
그리고 미리 불려야 한다. 오곡은 늘 헷갈린다.
쌀, 보리, 조, 수수, 콩….
우리 집은 조상이 정해준 종류에 색깔 있는 곡식 여럿을 섞는다.
정월 대보름에 오곡밥만 있는 게 아니다.
온갖 나물 반찬을 함께 갖춰야 오곡밥이 빛난다.
그 반찬 때문에 대보름 밥 타령을 하는지도 모르겠다.
그런데, 딱 한 끼만 먹는다. 하루도 아니고. ㅠㅠ
올해는 10인분 도시락을 싸서 사무실 식구들과 나눴으니
두 끼를 먹은 셈이다. 부럼을 깨고 귀밝이술까지 코스로 치러야
보름 음식 행사가 끝난다.

우수 무렵, 비 대신 눈이 내렸다. 궁동산과 안산은 최고의 장소가 된다.

연희동 안내지도 구할 수 있어요?

왜요?

동네 주민인데 구석구석 탐방 좀 하려고요.

'도로명주소안내도 연희동'. 주민센터 직원이 건넨 지도는 제목에 충실하게 동의 경계와 지번이 빼곡하다. 북쪽 경계로 향했다. 홍제천 폭포에서 길이 끊어졌다. 백련교 앞의 신연중학교와 서대문도서관까지가 관할이지만 동의 경계를 따라 걸을 수 있는 곳은 폭포 앞 물레방아까지다. 길은 서대문의 허파 '안산鞍山'으로 올라가며 이어진다. 북쪽 경계로 가려면 홍제천을 건너야 한다.

　묘한 풍경이다. 내부순환도로가 홍제천을 그늘로 만든 도심 풍경. 인공은 자연을 압도할 만큼 지배적이다. 바쁜 차들의 소리와 급하지 않은 물의 흐름, 느긋한 청둥오리 부부는 오만한 여유를 부린다. 물이 제법 맑다. 동네의 끝이 자연지형과 물이라서 좋다.

연희동은 특이하게 생겼어.

8.7km 둘레의 고구마 모양이야.

성산로를 남쪽 경계선으로, 홍제천을 서쪽으로, 안산 정상에서 연세대학교를 따라 연희교차로까지 한 바퀴가 연희동 경계다. 연희교차로의 철길 너머 삐죽한 부분도 포함된다. 길이 생기기 전에 만들어진 동네라는 뜻이다.

　연희동이란 명칭은 조선시대 서이궁西離宮인 연희궁延禧宮의 궁호가 동네 이름으로 쓰이다가 1946년 행정명칭으로 확정된 것이다. 궁이 있었던 땅인데 역사 흔적은 별로 없다. 장희빈 우물터를 복원한 것이

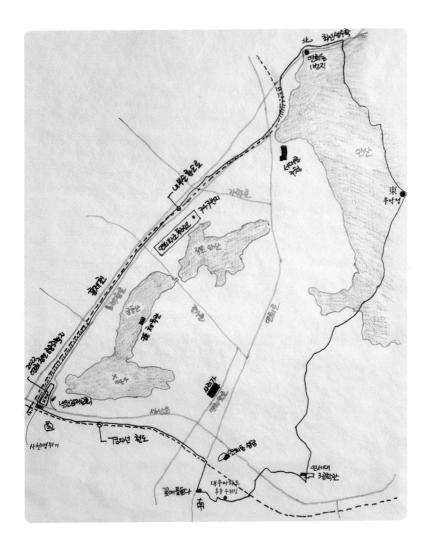

연희동의 경계와 동서남북의 끝 집들. 연희동은 궁동산과 안산, 홍제천이 감싸고 경의선 철도와 연세대학교가 외곽을 막고 있다. 연희동 1번지는 도로에 잘려 북쪽에 홀로 남았고 재개발된 '연희파크 푸르지오' 아파트에 '연희동 747' 끝지번이 붙었다. 연희동은 92만 평의 땅에 3.6만 명이 산다.

전부다. 그녀가 이곳에 살았다는 근거는 희박하다. 한양도성 외곽지에 이궁에서 지명이 유래됐으니 조선시대 이전 흔적을 기대하기 어렵다. 조선의 천도 후보에 올랐던 땅이었으니 물 좋고 뽕나무, 과일나무도 많아서 이궁 자리가 되었다.

이도李祹, 세종은 이곳에 '기쁜 일이 넘치는 동네'복이 퍼지는 이라는 뜻도 있다라는 뜻의 '연희衍禧'란 이름을 붙였고 문종 때 한자가 '연희延禧'로 바뀌었다. 왜 그랬을까? 기록은 이유를 남기지 않았다. 다만 세종과 문종 두 왕의 연희궁 행차가 많았다. 머리를 식히거나 요양하기 적당한 장소였다. 바쁘고 병치레가 많았던 분들이다. 연희동에 세종대왕의 흔적이라니 반갑다.

연희동 면적이 얼마야?

92만 평이네. 거기에 19,381세대 3.6만 명이 살고 있어.

가구당 1.85명, 한 명이 25평의 땅을 밟고 사는 셈이다.동의 크기 3.05㎢ · 인구 36,249명 · 2021년 1월 기준 연희동 1번지에서 연희동 747번지까지 3,786개 필지에 10,681호의 주거가 있다. 단독주택 46.4%서울시 28%, 연립주택 27%, 아파트 15%서울시 42%의 비율로 단독주택이 많고 아파트가 적다. 눈에 보이는 동네 풍경을 통계가 뒷받침한다. 동네 부동산은 약 1,700채의 단독주택 중 거래 가능한 집을 1,500채 정도로 추산한다. 건축물대장으로 확인해보면 30년 이상 된 건물이 2,700호가 넘는다. 오래된 집이 참 많다. 시간의 켜가 많이 남아있다는 뜻이다. 시간은 노후의 지표가 아니라 역사와 삶의 흔적이다. 귀하게 여겨야 한다. 2018년 말에 완공된 연희파크 푸르지오 아파트396세대는 그 땅에 있던 수백 개 지

(상) 연희동 북쪽, 내부순환로와 홍제천
(하좌) 연희동 북쪽 끝 집, 연희동 1번지 '최선생수학', 모래내의 도로가 생기면서 잘려 홀로 남았다.
(하우) 연희동 남쪽 끝 집, 꽃집이 있는 상가건물

번을 지우고 '연희동 747번지'라는 동네 끝 번호를 부여받았다. 몇 군데 더 그럴 준비를 하고 있다는 소식이 들린다. 아…….

연희동 주민의 평균 나이는 평균 41.8세. 20대[22%]와 70대[11%] 이상의 비율이 서울의 다른 지역보다 높다. 묘한 동네다. 연령 지표는 연희동이 학교[외국인학교, 화교학교, 대학교]의 배후지역이며, 오래된 단독주택이 많은 변화와 안정이 공존하는 지역임을 보여준다.

연남교 사거리에서 홍제천을 따라 걷다가 안산의 정상을 거쳐 연세대학교 쪽으로 내려와 성산로를 걸으면 연희동 경계를 한 바퀴 돌게 된다. 8.7km, 3시간 반이 걸린다. 해발 12m 홍제천에서 296m 안산 정상을 오르내리는 것이다. 홍제천변길과 안산자락길은 세금의 손길이 많이 간 곳이다. 징수당한 보람을 느낄 만큼 잘 가꾸어졌다.

연희동의 끝 집은 어딜까?

주말 내내 연희동 끝 집을 찾아다녔다. 북쪽 끝은 '최선생수학'이 있는 상가건물[이곳이 연희동 1번지다]이고, 동쪽은 '안산의 무악정', 남쪽은 '꽃에 물들다'란 상호를 가진 작은 상가, 서쪽은 1980년에 지은 '낙원감리교회'다.

서대문구청에서 안산벚꽃길을 따라 산을 넘는 코스를 택하면 북쪽 끝 집에 닿는다. 코스 중간엔 눈사람을 만드는 가족들이 많다. 올해는 우수雨水에 제대로 된 첫눈이 내렸다. 지구 온난화는 우수를 맞아 비 대신 눈을 줬다. 연희동의 북쪽 끝 집은 '모래내로'의 도로가 확장되며 연희동에서 떨어져 홀로 남았다. 1번지라는 상징성 때문에 동의 경계는 그대로 유지되었다. 좁고 긴 땅의 모습을 따라 지어진 분홍

(상) 연희동 동쪽 끝 집, 안산 중턱의 '무악정'. 정자도 건물이다.
(하) 연희동 서쪽 끝 집 '사천교 뻥튀기'. 건축물대장에는 없어도 실제 끝 집은 이곳이다.

색 건물엔 '연희동 1번지' 대신 '송죽길 19-3'이 붙어있다. 새 주소는 그렇게 장소와 시간을 철저히 단절시킨다. 연희동 1번지가 그렇게나마 남아있어 다행이다.

연세대학교 영역에 속한 제3공학관 건물의 정중앙을 연희동 동쪽 경계가 지나간다. 감흥이 없어 먼 거리에서 지도상에 그어진 그 선을 건물에 그어본다. 그러나 연희동의 동쪽 끝 집은 안산 정상 부근의 무악정毋岳亭이다. 휴식의 장소가 동쪽 끝이라 좋다.

서쪽 끝은 유휴지였던 곳에 들어서는 '연희 공공주택'이 될 것이다. 멋진데 좀 크다. 그러나 진정한 서쪽 끝 집은 따로 있다. '사천교 뻥튀기', 임시 건물이다. 경의선 철길까지가 동의 경계선이니 연희동이 맞다. 그곳은 독립된 지번도 건축물대장에도 없으나 분명 우리 일상에 존재하는 곳이다. 홍제천을 걷다가 사천교로 올라오면 만나는 곳. 전 씨 할아버지의 오랜 영업장이다. 그곳에 고향 오일장에 있을법한 갖가지 뻥튀기가 가득하다.

일요일 연희동성당에서 미사에 참석하고 남쪽 끝을 찾았다. 그곳엔 작은 상가에 '꽃이 물들다'란 상호의 꽃집이 있다. 매섭게 추운 날 그곳엔 봄 냄새가 난다. 연희동의 남쪽 경계는 꽃집과 대우아파트 후문의 경비실이다. 꽃집 주인은 그곳이 연희동 남쪽 끝임을 알까?

동의 경계는 행정을 위한 것이라 개인에게는 깊은 의미가 없다. 삶의 영역은 그것에 한정되지 않는다. 그런데도 '동'이라는 한계를 정해 그곳을 알고 싶었다. 그냥 이 동네에 사니까. 작은 소속감이 관심을 쏟아부을 명분이 된다. 게다가 연희동의 동서남북 끝 집은 동네와 땅의

연희동 남쪽, 대우아파트와 경의선. 멀리 보이는 곳이 궁동산이다.

상황을 담고 있다. 땅이 잘린 북쪽 끝, 안산 정상의 동쪽 끝 정자, 임시 건물로 된 서쪽 끝 뻥튀기집, 꽃으로 물든 남쪽 끝 상가까지. 묘하다. 맛과 향과 시선의 즐거움이 동의 경계에 있다.

이 동네에 적을 둔 조각가 최종태는 관음사의 석상 봉안식에서 '땅은 경계가 있지만, 하늘에 무슨 경계가 있는가'라는 말을 했다. 가톨릭 신자인 그가 불상을 만들었다는 것은 종교 간의 경계를 허문 정다운 사건이었다. 본래 땅은 경계가 없었다. 대지를 소유로 생각하는 개념 자체가 없었던 아메리카 인디언이 백인에게 땅을 내어줄 수 없었던 것도 그 이유에서다. 인간이 잠시 점유해서 쓰고 있을 따름인데 어찌 소유와 경계가 있단 말인가. 그러나 현재 우리 삶의 근간인 자본주의는 이 경계 짓기를 기본으로 하고 있다. 땅과 소유의 경계, 선을 확실하게 하는 것. 슬프지만 현실이다. 끝없이 누구 것이냐를 묻는다. 동네는 그러면 안 될 것 같다. 그래도 동의 경계는 궁금하다.

세 번째
절기

경칩 驚蟄

개구리가
깼다

길 500개

언젠가 보고 싶다. 녀석이 깨는 그 순간을.
촌놈에게 동네 개골창에서 나는 녀석의 울음소리는
신기한 것이 아니다. 봄이 오는 일부였다.
누군가 거기에 근사한 이름을 붙였다. '경칩'이라고.
놀라서 숨는다는 말이 어찌 겨울잠을 깨는 뜻이 되었을까.

이젠 '장醬'을 한번 담아볼까 해.
간장, 고추장, 된장… 뭐?
된장에 제일 어려워. 고추장부터 할 거야.
고추장은 뭐로 만들어?
고춧가루, 엿기름, 찹쌀, 메줏가루….
우수, 경칩 무렵에 장을 담근다고 했다.
몇 해 전 상주에서 장독을 여러 개 샀다.
외갓집에 김장하러 가는 길에 그 동네 유명한 가마터에 들러
잘생긴 녀석을 골랐다. 그러나 여전히 장식용이다.

들나물이 땅에서 올라오기 시작했다.
쑥, 냉이, 풍년초, 엉겅퀴… 직접 캐 먹을 수 있는 건 쑥과 냉이다.
경칩의 음식인 개피바람떡, '봄에 나는 향기로운 쑥을 넣어 익히고
반죽을 얇게 밀어서 팥소나 녹두소를 넣고 만들므로
겨울 동안 지친 입맛을 새롭게 해준다.'라는 설명에 혹했다.
조상님들 참 세심하시네. 봄 향기를 놓치지 않으려고
떡을 익힌 반죽으로 만든다니.
겨울이라고 따로 지칠 일이 별로 없지만 움츠렸으니
봄 보양을 해야겠다는 욕구가 생긴다.
연세대학교를 넘어 555m 금화터널의 먼지를 잔뜩 먹으며
영천시장까지 걸어서 몸에 시장기를 만들었다.
2,500원 칼국수의 황홀함을 맛보고 그 떡을 샀다.
맛은… 역시 달인꽈배기가 좋다. 달달하니.

골목과 이어지는 산길, 지도의 길 표시를 따라가면 산을 돌아야 한다. *연희로27나길의 끝

뭐 하고 놀고 있나 했더니 그거 센 거야?

응, 500개.

그걸 어떻게 세. 기준이 있어?

도로명주소로 이름 붙이는 방식하고 비슷해. 주욱 이어진 걸 하나로,
거기에서 가지 친 건 따로 셌어. 쬐금 틀릴 수도 있지만 얼추 맞아.

우린 몇 개 걸었어?

몰라, 걸은 곳을 표시하고 있어. 다 걸어보자.

연희동에는 500개의 길이 있다. 8개 대로, 70개 길, 413개 골목, 그리
고 2개의 산길연희동 둘레길, 안산자락길까지 491개가 있다. 그러나 대로는 양
쪽에 인도가 있고 홍제천변도 양쪽에 길이 있어 보행로는 500개인
셈이다. 길이를 다 더해 보지 못했다. 2020~21년 24절기 동안 60번,
370km, 51만 보를 걸었다. 연희동 지도에 모든 길 표시가 다 채워졌
다. 중복해서 걸은 곳을 제외하면 500개의 길은 200km가 넘는다. 실
핏줄처럼 골목이 촘촘히 살아있다.

(로) 가좌로·성산로·연희맛로·증가로·홍제천로·동교로·모래내로·연희로
(길) 모래내로20길·성산로11길·13길·14길·16길·17길·18길·7길·7안길·9길·
송죽길·신촌로1길·연희로10길·11가길·11길·11나길·11다길·11라길·11마길·
11바길·11사길·11아길·11자길·12길·14길·15길·15안길·16길·18길·18안길·20길·
22길·24길·25길·26가길·26길·26나길·26다길·27가길·27길·27나길·27다길·
28길·29길·31길·32길·32길·33가길·33길·33나길·35길·36길·4길·5길·6길·8길
증가로2길·2안길·홍연2길·4길·6길·6안길·8길·홍연길·홍제천로2가길·2길·
2나길·2다길·4길·6길·연희로10가길

길의 소나무는 묘하게 살았다. 담장 걸친 집의 그늘 역할을 톡톡히 할 것이다. 그런데 집안의 큰 나무는 가지치기를 심하게 했다. *연희로24길 언덕

연희동에 공식 이름이 붙은 길은 78개이며 나머지는 골목이다. 지도
상에 표시된 길 500개 말고도 단지형 연립주택과 아파트, 큰 건물의
담장 사이에도 다닐 수 있는 길이 있다. 여기에 연희동이 접하고 있는
산 세 곳의 등산로가 더해져야 동네 길 전체가 된다. 등산로는 궁동산
과 작은안산에 8곳, 안산에 31곳의 접근로가 있지만 연희동에서 연결
된 곳은 8곳이다. 지도에 표시되지 않은 길, 표시되었으나 끊어진 길
을 만나면 왠지 흥분된다. 대단한 발견을 한 기분이 든다. 그런 곳엔
땅의 숨은 이야기가 보인다.

우리 부서에서 만든 거 맞나? 맞아. 어디 있을걸.
홈페이지에 디지털 파일로 올려진 자료, 연락처까지 나와 있지만 코로
나19 사태로 공백이 생긴 구청엔 담당 직원도 잘 모른다. 2년 전 인쇄
물인데 겨우 찾아 받았다. 모니터가 아닌 출력물로 보는 느낌은 확연
히 다르다. 이런 건 아날로그가 좋다. 지적과도 들렀다. 진작 갔어야 했
다. 축척이 정확한 지도가 산처럼 쌓여있다.

신촌 연희 걸어볼 지도, 안산자락길지도
서대문구 스토리북 2016년
서대문구 문화산책 2017년
서대문구 도로명주소 안내지도_ 연희동

지도 부자가 됐다. 책상 가득. <연희 걸어볼 지도>엔 연희동의 길을
주제별로 안내하고 있다. 먹고 놀고 살 거리가 중심이다. 우리 동네 뒷
산 둘레길이 제일 편하다. 그래도 걷는 묘미는 예상되지 않았던 길을

(상) 서대문구와 연희동의 길안내지도. 2~3년 전에 소개된 집이
벌써 많이 바뀌었지만 길은 그대로다. (하) 가장 좁은 길 중의
하나. 골목의 끝은 80cm 남짓. *궁동산 서쪽 아래 성산로7길

만나는 것이다. 제일 좁은 길, 제일 가파른 길, 제일 긴 막다른 길, 지도에 없는 길, 단지 안 샛길 같은.

폭 80cm, 궁동산 서쪽 끝의 산 118-1번지의 길과 대우아파트 동쪽 철길 위의 344번지 근처 샛길이 연희동에서 가장 좁은 길이다. 그 길엔 묘한 기가 느껴진다. 길이 내는 아우라, 왠지 조심해야 할 것 같은 긴장감에 몸은 컹컹 소리에도 놀란다. 도로가 아무리 넓어도 걸을 수 있는 곳은 결국 두 발자국 사이 공간이다.

가장 가파른 길은 작은 안산의 북쪽 177-39번지로 올라가는 골목길이다. 40m 높이를 거의 수직으로 올라가야 한다. 경사도 66% 폭 1m 계단, 목도리와 조끼가 무안하다. 등에 땀이 송글거린다. 홍연소공원의 서쪽, 궁동산 북쪽에 붙은 120여 필지, 연희동에서 가장 묘한 길이 이곳에 있다. 장수마을이나 백사마을, 개미마을의 골목만큼 가파르다. 차는 물론 오토바이도 들어올 수 없다. 길은 모두 가파른 계단이다. 계단의 형태는 도면으로 그리거나 건축학과의 수업으로 닿을 수 없는 경지다. 한 수 크게 배운다. 이곳을 걷고 나서 마음이 쏴하다. 십수 년 전까지도 서울 부산의 산 주변엔 이런 마을이 흔했다. 홍연6길과 홍연8길은 지도로 표시될 수 있는 동네가 아니다.

가장 긴 막다른 골목은 서울외국인학교와 외국인주택 사이의 길 150m다. 막혔나 하고 갸우뚱거리며 오르는 우리를 누군가 힐끗 쳐다본다. 길이 있구나. 지도에는 없는데…. 학교 옹벽을 만들면서 옆 땅과 경계에 남겨진 길. 골목 끝엔 붉은색 경고 딱지가 우리를 막는다. '서울외국인학교 관계자 외에는 출입을 금함'. 반 층을 올라가면 학교 운동장인데. 쩝…. 동네에서 가장 은밀한 골목을 발견했다. 야호~

150m 막다른 골목, 서울외국인학교와 미국남침례교 한국선교회 연희 자택 담장 사이. 지도에 없어서 존재를 아는 사람이 적다. 연희로18길 효동빌라 사이를 올라가야 한다. 학교의 개발과 옆 대지 사이에 애매한 상황이 만든 길.

연희동의 원지형이 제일 잘 남아있는 길은 연세대학교 북문과 서문 사이의 숲길이다. 궁동산 안산의 산길과 더불어 동네에서 가장 매력적인 길이다. 북문에서 서문·동문으로 이어지는 가파른 이 길은 학생들의 이용이 적고, 자동차의 통행만 많다. 오히려 잘 이용하는 사람들은 동네 주민들이다. 한가하고 걷기 편하고 잘 보존된 나무가 우거졌다. 연희궁 주변을 둘러싼 안산의 흔적이기도 하다.

오늘은 이쪽으로 가볼까? 그래.

코스는 대개 내가 잡는다. 그런데 한 번도 원래 코스대로 움직이질 못했다. 지도를 보며 확인하거나 사진을 찍는 사이에 아내는 벌써 저 앞을 걷고 있다. 발길 닿는 대로 안 가본 길로 그날 내키는 대로 간다. 지도는 큰 틀, 보이지 않는 곳의 골목을 빠트리지 않는 데만 유용하다. 주민센터에서 받은 5년 전 제작 지도나 1년 전 상황이 반영된 온라인 지도가 바뀌는 동네 풍광을 모두 담을 순 없다. 거기에 계절과 변하는 날씨 그리고 나의 상태가 더해져 길은 이미 같은 길이 아니다. 우리는 과거가 아니라 '지금, 이 시간'의 연희동을 걷는다. 아내의 방식이 맞다.

오랫동안 사람들이 스스로 만든 길이 도로다. '도道'의 정의는 바뀌어야 한다. 건축법은 차가 다닐 수 있는 보행 및 자동차통행이 가능한 폭 4m 이상의 길을 '도로'라고 정의한다. 도로법에서는 '도로'를 차도, 보도步道, 자전거도로, 측도側道, 터널, 교량, 육교 등의 시설로 구성된 것으로서 도로의 부속물을 포함하는 것으로 규정하고 있다. 건축법의 길인 도로, 그것이 도시의 골목을 황폐화시킨 주범이다. 집을 지

(상) 자전거길로 살아난 홍제천 변의 터널길
(하) 아파트 단지 내의 도로. 주인공은 차다. 인도는 아예 없다.

으려면 왜 차가 반드시 접근해야 하는가. 보행 또는 자동차 통행이 아니라 반드시 자동차 통행이 가능해야 하는가. 마을은 수백 년간 차 없이 사람이 사는 집을 만들어 왔고 우리는 그 속에서 삶을 누리고 있다. 그런데 모든 집에 차가 접근하고 차를 소유한다는 가정하에 주차장을 확보하는 개념이 도입되면서 재앙이 벌어졌다. 이제 바꾸자.

세계은행이 개발도상국에 자금을 원조하는 중요한 기준은 도시의 간선시설을 만드는 것이다. 그러나 대부분은 차량을 위한 도시를 만드는데 투자된다. 2,000만 명의 도시 방글라데시 다카Dhaka에서도 차를 위한 도시개발에 자금이 집중되었다. 차를 가지지 않은 사람이 95%가 넘는데 보행자가 아니라 차량을 위해 대부분을 투자한다. 심각한 모순이다. 30만 대의 인력거와 60만 명의 인력거꾼이 있는 도시에 차량만 중심에 두어야 한다는 논리가 정당한가. 5%가 차량을 이용하고, 37%가 인력거를 이용하는 도시에 세계은행은 차량 투자에 10억 달러를, 보행자에 1천만 달러 투자한다. 빌린 돈은 결국 국민의 세금으로 갚는다. 그래서 시민들은 항거한다. 간선시설을 만드는 비용의 우선순위를 '걷는 사람'을 위해 쓴다면 분명 더 풍요롭고 다카다운 모습이 될 것이 분명하다. 세계 곳곳에서 그만큼 실패했으면 이제 전환할 때가 되었다. 보행자의 권리를 요구하는 방글라데시의 시위는 당연하고 정당하다. 정치, 자본, 힘의 논리가 앞서서는 안 된다. 우리도 다르지 않다.

도시 조직의 특징은 길에 있다. 매력적인 도시와 동네는 오래된 길이 그대로 남아있다. 연희동은 상대적으로 큰 땅으로 구획되어 재개발이 필요하지 않았고 전용주거지역과 자연경관 지구의 제약 때문에

(상) 길과 길이 계단으로 만들어지는 지혜 (하) 홍연6·8길은 동네의 가장
가파른 길로 40m 높이 80m를 경사도 66%로 올라가야 한다.

풍광이 대체로 유지되고 있다. 그런데 이곳에도 변화의 바람이 불고 있다. 궁동산 너머 동쪽은 2018년에 연희파크 푸르지오로 재개발이 완료되었고, 서쪽도 1,000세대가 넘는 '연희1구역 주택재개발'의 움직임이 꿈틀거린다. 누구를 위한 재개발일까. 도시를 잘 유지하고 변화시키는 것은 필요하지만 다양성을 삼켜버리며 무자비하게 소멸시키는 이 제도는 이제 소멸해야 하는 것 아닐까.

작가 신정균은 '사람들은 봄날은 간다고 아쉬워한다. 서러워한다. 그렇지만 나는 부탁도 하지 않았는데 봄날은 다시 어김없이 온다. 왜 가는 것만 보고 아쉽고 서러워할까요. 오는 봄 준비하세요.'라며 '봄날은 또 온다.'고 했다. 나는 가는 봄은 고사하고 오는 봄을 맞을 준비가 되어 있나? 경칩인데 개구리나 찾으러 가야겠다.

네 번째
절기

춘분 春分

봄이다

담장 풍경

낮이 길어졌다.
태양이 춘분점에 이르면 낮과 밤의 길이가 '거의' 같지만,
빛의 굴절 현상 때문에 낮이 조금 더 길다는 설명에
고개가 끄덕여진다. 그런데 몸이 그걸 감지할까.
짧아진 그윽한 새벽 시간이 아쉽다.
춘분은 농사를 시작하는 날이란다.
조상들은 춘분엔 콩을 볶아 먹고 쓴나물 무침을 먹으라고 했다.
민들레, 씀바귀, 냉이, 달래….
입맛을 돋우지만, 녀석들은 강하다. 지천으로 널려서
올라오는 대지의 힘을 몸에 나눠주는 역할을 하는 것이리라.
'아내의 손'이라는 고수의 손길 없이 나는 그 맛에
접근할 수 없다. 슬슬 빌 수밖에.

봄나물 무쳐줄 거야?
하는 거 봐서. 올해는 겨울이 별로 안 추워서 나물 맛이 덜해.
『식물의 책』을 쓴 이소영은 '잡초의 쓸모'라는 글에서
우리 주변에서 가장 많이 보는 잡초는
대부분 '서양민들레Taraxacum officinale Weber'라고 한다.
라틴어 'officinale'는 약용, 즉 먹을 수 있다는 뜻이다.
우리 산하엔 서양민들레, 민들레, 털민들레, 흰민들레, 산민들레,
좀민들레 등 10종류가 넘는 종이 있다고 한다.

먹을 게 많네.
토종은 봄에만 꽃을 피운다니 조상들이 그걸 드셨던 게다.
아스팔트 사이에 비집고 올라온 대부분은 서양민들레다.
꽃잎 아래 총포가 위로 올라간 것이 토종이란다.
그걸 좀 찾자. 나도 그놈을 먹고 싶다.

경사지 많은 연희동의 담장과 옹벽처리. 골목길에서 가장
많이 만나는 풍경이다.

저녁에 한번 걸어보고 싶은데….

추워? 쫄바지 입을까?

그 정도는 아니고. 겨울이 승질내네.

그래도 꽃봉오리는 꽤 올라왔어.

그런 고민의 경계에서 '꽃샘추위' 겨울은 앙탈을 부린다. '춘분'인데. 늦은 오후에 나섰다. 산과 연결된 작은 골목길. 긴장으로 그곳을 지난다. 오늘은 심하게 짖는 진돗개가 안 보인다.

　　연희동 골목은 담장의 잔치다. 오래된 동네일수록 그 멋은 깊다. 건축가에게 동네 걷기 최고의 재미는 골목과 담장 풍경을 누리고 발견하는 것이다. 누군가 만든 것을 우리는 걸으면서 공짜로 누린다. 사진을 찍고 살피지만, 욕도 좀 한다. 방치된 사이 공간, 필로티로 점령당한 다세대주택의 입구, 무심하게 철망만 두른 아파트의 담장, 무표정 옹벽들을 만날 때마다 목소리가 커진다. 조금만 더 배려하지….

필지 3,786개, 길 500개, 단독주택비율 46.4%, 단독주택 1,720채. 연희동의 골목은 아직 건강하다. 기본적으로 담은 내 것과 남의 것을 나누는 의지의 표현이다. '분分', 담은 도시는 물론 사람 사는 동네 풍경의 핵심이다. 전통마을의 핵심도 집보다 담이었다. 주거지가 많은 곳의 담은 더욱 그렇다. 안산과 궁동산의 경사지에 기반을 둔 연희동은 개별 필지의 높이를 확보하기 위해 견치석 축대를 쌓았다. 그것도 찰쌓기로. 골목에서 제일 많이 만나는 담의 모습이 그 축대다. 찰쌓기는 송곳니를 닮은 30cm 내외 사각뿔 모양 견치석犬齒石을 마름모로 쌓아 올리는 방식이다. 축대를 만드는 가장 일반적인 방식이었으나 이

연희동에서 제일 아름다운 담장. 궁궐의 담장만큼 정성을 쏟았다. 1965년 완공된 집과 함께 쌓았을까?
*연세대 서문 밖 연희로10길

젠 콘크리트 옹벽에 밀렸다.

견치석 쌓기는 축대를 안쪽으로 경사지게 만들어야 하고, 석축 두께가 두꺼워서 땅을 사용하는 면적이 줄어든다. 이제는 재료비도 인건비도 올라서 쌓기 어려워졌다. 견치석의 축대 위에는 담이 추가된다. 그곳에 나무가 심기고 담쟁이 넝쿨이 더해지면 골목 풍경이 된다. 콘크리트로 만든 담장에도 식물이 자라도록 배려한 곳을 만나면 기쁘다. 콘크리트 면에 세로로 홈을 파서 담쟁이가 올라갈 수 있게 만들어준 배려에서 지혜를 배운다. 축대와 담은 내 집을 짓기 위해 만드는

것이지만 그것이 모여 골목이 되고, 걷는 이에게는 행복한 풍경이 된
다. 골목은 모두의 것이니 집만큼 그걸 만드는 노력을 하는 것은 당연
하다.

이곳은 벌써 꽃이 다 피었네.
이거 뭐지. 개나리하고는 다른데.
'영춘화'. 다섯 잎 노란 꽃은 2월부터 피기 시작한다. 꽃이 잎보다 먼
저 나오는 개나리과다. 작은안산 아래의 골목들은 담장마다 녀석을
심었고 구멍마다 녀석의 꽃잎이 얼굴을 내밀었다. 그런 연출을 위해
담에 구멍을 뚫었다. 집주인과 건축가의 마음이 만든 합작품이다. 강
아지도 그사이를 비집고 나오려고 낑낑댄다. 너도 봄을 기다리는구나.
참아라, 자빠진다. 그런데 이름이 영춘화迎春花, Jasminum nudiflorum라고?
봄을 맞이한다는 뜻이네. 장원급제한 사람의 머리에 꽂는 어사화御賜
花가 너라지. 김정아 기자는 '부르면 나에게로 와서 봄이 되는 이름, 미
선·명자·영춘'이라 했다. 멋진 발상의 작명이다. 미선과 명자에 이어
영춘을 알게 되었으니 나도 이제 봄꽃 세 가지를 다 맞이할 수 있겠다.
　　골목의 담과 대문엔 집의 개성이 드러나고, 담을 따라 심은 나무와
꽃이 골목을 비춘다. 그 모습이 골목 풍경이다. 자연을 심은 이는 자
신의 집만을 위해 그걸 가꾸지 않는다. 가지를 집 밖으로 늘어뜨리고,
담에 구멍을 내서 바깥을 향하게 하고, 작은 틈에 화초나 대나무를
심어 풍경을 만들고, 그것도 안 되면 화분대를 걸쳐 둔다. 집을 드나
들며 만나는 당사자의 기쁨이 제일 크겠지만 결국 모두를 위한 것이
된다. 골목 풍경은 그렇게 지속된다. 연희동엔 철벽같이 높은 담은 드

물다. 지형이 가팔라도 성북동 평창동의 집처럼 철옹성은 아니다. 동네 길은 꽃과 나무로 모두에게 편안하다.

이 골목은 참 재미없네.
집 장사들이 대량으로 공급한 연립주택 밀집 지역, 궁동산 북쪽 골목은 누군가 다세대주택을 한 번에 공급하면서 생겼다. 비교적 밀도가 높고 모습이 단조롭다. 마주한 두 집 사이가 골목이다. 값싸게 빨리 만든 집과 담, 똑같이 생긴 철제 입구는 30년 전 모습 그대로다. 주차장 없이도 높은 밀도로 집을 지을 수 있었던 시기에 만든 곳이다. 골목과 집에 애정을 쏟는 이를 찾기 어렵다. 노인들이 골목 대신 빈터에 화분을 두고 작물을 키운다.

　최근에 지어진 다세대 다가구 주택의 담과 골목도 좋은 풍경을 만나기 어렵다. 자본의 이익과 집의 공급만 있다. 집은 커졌으나 대지 안의 공지, 주차장 확보 같은 제약으로 누구의 소유도 아닌 곳만 늘었다. 길은 동네의 사람들이 만나는 영역인데 주차장과 필로티, 방치된 집과 집 사이, 법적인 조경만 덩그러니 남았다. 이런 곳은 관리되지 않은 영역으로 방치된다. 돌보는 이가 없는 나무는 잘려나가고 방치된 식물들은 살아날 가망이 없다. 땅은 쓰레기 수거장이 되었다. 이런 상황에서 좋은 풍경의 골목을 기대하기 어렵다. 관공서나 큰 건물의 뒷골목도 조악하기는 마찬가지다. 그런 곳을 만나면 슬프다. 그들은 건물과 길이 만나는 풍경은 고려하지 않는다. 크고 새로운 건물이 들어서서 좋아진 이가 누굴까? 한정된 땅을 더 효율적으로 활용할 방안은 없을까. 그런 생각을 하며 동네를 걷는다. 이럴 땐 욕을 좀 하자. 에이 XX.

(상좌) 영춘화, 가장 먼저 피는 봄꽃. 식물이 골목에 고개를 내밀도록 디자인한 솜씨. 땡큐 *연희로29길
(상우) 세심한 솜씨, 언덕을 오르다 같이 한번 웃고.*연희로11마길
(하)'누실명'을 벽돌마다 새긴 궁동산 북쪽 언덕 집. 등나무 꽃과 향이 글을 풍성하게 해준다. *홍연8길

정성스럽게 만든 담을 만나면 상쾌해진다. 담과 건물을 샛노란 겨자색으로 칠한 107-8번지. 덕분에 골목이 훤하다. 색깔 하나로 개성을 찾았다. 지중해나 남미의 도시가 아니라 서울에도 색은 필요하다. 파란 배경에 웃고 있는 다섯 마리 강아지를 그린 연희로11마길의 언덕 담장, 연희파출소 뒷벽에 남녀순경을 그린 주차장, 동네에서 가장 가파른 홍연8길의 골목에 그린 붉은 그림의 담장, 김소월의 시를 돌에 새긴 건물 벽, 하얀 담에 조개와 나뭇잎을 미장이의 솜씨로 그려둔 주택…. 동네를 걷는 우리를 기분 좋게 해주는 고마운 담벼락들이다.

궁동산의 가파른 언덕 꼭대기에서 '누실명陋室銘' 84자를 예서로 쓴 벽을 만났다.

山不在高 有仙則名 水不在深 有龍則靈 斯是陋室 惟吾德馨 苔痕上階綠
草色入簾靑 談笑有弘儒 往來無白丁 可以調素琴 閱金經 無絲竹之亂耳
無案牘之勞形 南陽諸葛廬 西蜀子雲亭 孔子云 何陋之有

누추한 집이라도 군자가 그곳에 살면 빛을 발한다는 유우석劉禹錫의 글인데 논어에 실렸다고 한다. 마음에 닿는다. 9세기 중국의 글을 21세기 연희동에서 본다. 곁에 있는 아름드리나무 등나무 꽃이 필 때 다시 보러 와야겠다. 이렇게 마음이 담긴 곳을 만나면 멈추게 된다. 잠시 그리고 오래……. 그리고 다시 온다.

어… 어… 어… 이거 뭐지.
기린 그림인데.

담을 삼강기법으로 파서 만든 기린 그림. 누구의 솜씨일까. *연희로15안길

그림이 아니야. 미장을 파서 조각을 한 거야.

진짜?

상감기법으로 기린을 조각해서 그렸다. 이사람 천재 아냐? 담을 이렇게 활용하다니. 골목의 담은 견치석을 쌓거나, 그림을 그리거나, 조각을 붙이거나, 구멍을 내서 화초가 바깥에 나오게 하거나, 담쟁이를 타고 올라가게 하거나, 작은 화단을 만들거나, 재료를 달리한 담장을 디자인하거나, 표면 질감을 달리하거나, 벽돌쌓기를 멋지게 하거나, 콘크리트 옹벽을 만들거나, 블록 벽을 쌓거나, 목재 판으로 만들거나 하는 게 일반적이다. 이건 다른 차원의 담 활용이다. 시멘트 모르타르로 마감된 담을 상감기법으로 파서 이미지를 만들었다. 기린을 만든 이를 찾아서 협업해보고 싶어졌다.

연희동에서 제일 아름다운 담은 연희동 30-24번지의 담이다. 1965년에 지은 집도 예사롭지 않다. 연세대학교 서문과 붙어 있다. 이 집의 담은 견치석 석축 위에 사고석과 한식 기와를 올려 만들었다. 참 잘 만들었다. 지독한 경사를 따라 쌓은 자연스러움, 55년 전에 만든 고수의 솜씨다. 아래쪽은 돌의 형태를 살렸고, 잘 다듬은 사고석을 막힌 줄눈으로 쌓아 올렸다. 집이 지어질 때 같이 만든 담일 텐데 이런 마음의 여유를 가진 주인과 만든 이가 누군지 궁금했다. 집 안팎을 같은 방법으로 만들었다. 쪽문을 만든 수법은 궁궐 담장에 버금간다. 희빈 장씨의 우물보다 이것이 연희동의 보물이다.

　보행자 중심의 마을에선 골목의 담과 문이 길의 표정이었다. 차⋯. 그놈 때문에 결국, 주차장이 담을 사라지게 했고 커진 집은 민낯으로 도로와 타인을 마주하게 되었다. 동네는 삭막해졌다. 도시는 인구증가로 인해 생기는 밀도 해결에만 골몰해 왔다. 사람이 마주하는 길과 동네의 풍경을 고민한 적이 없다. 그러나 밀도가 해결된 지금도 그걸 고민하는 이는 별로 없다. 골목을 비어있는 공공건물로 생각한다면 세심한 고려와 디자인은 필수가 되어야 한다.

골목길, 그곳은 모두의 공유 공간이다. 그러나 그곳을 가꾸는 것은 그곳에 면한 집을 사용하는 사람들의 몫이 크다. 어쩌면 당연하다. 애정을 쏟을 사람이 있어야 지속된다. 골목을 만드는 것뿐만 아니라 골목 풍경의 유지에 집중해야 한다. 공동주차장의 필지를 만들어 골목을 유지하고, 건폐율 제한을 없애고, 그곳에 적합한 조경을 만들어 실질적으로 유지되는 방법을 고민하면 어떨까. 풍경이 좋은 동네. 담장을 없애는 것이 아니라 멋진 담장을 만들도록 해야 한다. 사적인 영역을 보호하고 모두가 쓸 수 있는 골목을 만드는 장치가 담이다. 사생활이 잘 유지돼야 공적 영역이 함께 산다. 뒷골목이 방치되지 않아야 하고 모두의 골목은 각자의 골목이 되어야 한다. 걷는 사람이 마주하는 저층, 도로의 접점, 경사지가 대부분인 한국의 도시에 대해 깊이 고찰하면 답이 있다. 우리에게 맞는 우리의 방식을 찾자.

씀바귀 김치 만들어… 줘… 주세요~
고들빼기김치야. 씀바귀는 달라.
춘분, 농사지을 일이 없으니 꽃을 심을 곳이라도 찾아야겠다.

Hey,
Mr. Tongue

저기도 있네. 그 혓바닥.
누군지 몰라도 동네를 누비고 다니면서 흔적을 많이 남겼네.
똑같은 건 하나도 없어. 그런데 멋있지는 않아.

15개가 넘는다. 눈에 띄기 시작하자 여기저기 보인다. 거의 같은 높이에 그린 낙서.
키가 그리 크지 않은 남자로 추정된다. 'Mr. 혓바닥'. 골목보다 대로변을 따라 그렸다.
자신을 찾아보라며 보내는 신호 같다. 우리는 '연희동 혓바닥'이란 별명을 붙였다. 언
젠가 그림의 주인공을 만나면 묻고 싶다. 왜 혓바닥인가요? 그런데 좀 정성 들여서
그리면 안 돼요?

다섯 번째
절기

청명 淸明

청명에 봄 농사를
준비한다고?

대문 풍경

보름 전인 춘분에 농사를 시작한다고 했는데
다시 봄 농사를 준비한다니. 이건 뭘까?
하늘이 차츰 맑아져서 나무 심기에 적당한 시기라는 뜻이
청명이다.
요즘은 오히려 하늘이 누레진다.
그놈의 황사.
코로나19로 중국의 산업이 멈춰 하늘이 다시 파래졌다.
당연한 자연의 이치인데 그것이 확인되자 우울하다.
호모사피엔스의 욕심 때문에 지구는 몹시 힘들다.
이제 기후변화에서 회복될 수 있는 시간은
10여 년밖에 안 남았다고 기후학자들은 경고한다.
작은 실천을 보태야 한다.
주변에 나무와 풀이 가득했던 환경에서 살았던 선조들이
나무를 심었을까 싶지만 『우리 소나무』를 쓴 전영우 선생은
자원의 한계와 지속적인 사용을 위해
조선시대에도 조림造林을 많이 했다고 한다. 대부분 소나무였지만.
'지속성'에 대한 인식, 호모사피엔스도 '지구환경의 일부'라는
선조들의 생각을 배우고 실천해야 하지 않을까.

(상) 동네를 샅샅이 뒤져 겨우 딴 진달래로 만든 '화전'. 시골에서
자란 어릴 적 기억의 소환. (하) 등나무 덩굴로 대문을 대신한 집.

진달래 화전 먹어봤어?

니 맛도 내 맛도 아니야.

제주도 지름떡처럼 단맛에 먹는 거네. 진달래는 무늬만 내는 거고.

요맘때 '진달래 화전'이 제격이다. 조상들은 눈과 입이 심심하지 않게 제철마다 먹거리를 만들었다. 진달래, 이젠 보라색 철쭉과도 헷갈린다. 어릴 적 뛰놀던 지리산 웅석봉에선 구분할 필요가 없었다. 이때쯤 피는 건 모두 진달래였고, 햇살이 투과된 보드라운 꽃잎을 잎에 넣을 수 있다는 걸 본능으로 알았다. 그 감각은 다 어디로 갔을까. 입안 가득했던 볼록함의 풍요와 꽃잎의 부드러움은 아련한데 맛의 기억이 없다. 촌놈들은 그냥 심심해서 먹었다.

이때쯤 바닷가 동네인 서해 쪽에선 연하고 맛있는 조기를 잡는 데 분주하단다. 그래? 콘크리트 바닥을 뚫고 올라오는 쑥을 캐서 도다리쑥국이라도 먹어야겠다. 지리산 참두릅의 알싸한 맛을 곁들여서. 쓰읍~

뭐라도 자기 나름의 포인트가 있다이.

제대로 온 봄님. 골목은 모두 봄맞이 준비를 한다. 대문을 넘어온 자연이 얼굴을 내민다. 담장 위로 몽실몽실 고개를 내민 꽃들. 그걸 만나는 봄나들이는 그래서 좋다.

큰 대문, 화려한 대문, 쪽문, 차고문…. 집을 맞이하는 첫인상이 대문이다. 멋진 대문을 만나면 잘 쌓은 담을 볼 때처럼 한참 멈추게 된다. 그곳엔 여유와 배려가 있다. 집을 대하는 마음의 여유와 동네를 오가는 사람에 대한 배려.

좁은 골목길이지만 오가는 이에게 풍경을 선사하는 멋진 배려와 솜씨. 대나무야 잘 커라. *연희로15길

붉은 연립주택 입구에 만든 대문 앞, 겨우 계단 4개인데 여유가 묻어 있다. 널찍한 벽돌을 단마다 살짝 틀어 도로와 대문이 바로 마주하지 않게 했다. 얼굴 옆면을 그린 미인도에서 느끼지는 기품이다. 꺾어진 대문 앞은 자연스레 작은 공간이 생기고, 시선이 여유로워진다. 대문과 담이 만나는 곳의 처마엔 그늘이 따라오고 나무와 꽃이 채워진다. 어쩌다 생긴 게 아니라 세심하게 만든 것이다. 봄날이라야 이런 곳의 진가가 발휘된다. 콘크리트 벽돌 화강석 사이로 노란 빨간 하얀 초록의 싱싱함이 주렁댄다. 봄엔 그들이 주인공이다. 겨울 동안 얼마나 튀어나오고 싶었을까.

식물 줄기로 덩굴을 감아 꽃 터널 대문을 만든 곳도 있다. 땅이 부족하면 다른 해법을 찾는다. 발견하고 즐기는 것은 우리 몫이다. 알아봐 주니 고맙지 않습니까. ㅎㅎㅎ. 그런데 동네에서 큰 땅을 차지하고 있는 시설들^{학교, 공공기관, 종교시설, 아파트, 연립주택}의 입구와 대문은 단조로움을 너머 슬프다. 건축물의 시설 분류처럼 문에는 아무런 감정도 정성도 없다. 여러 사람이 매일 드나드는 곳인데 왜 그랬을까. 건물을 크고 거창하게 만드는 것에만 신경을 쓸 일이 아니다. 사람의 삶과 쓰임에 관심이 없다면 건축은 콘크리트 덩어리에 불과하다. 집을 통째로 올려 문의 존재를 없앤 곳도 있다. 아! 필로티^{piloti}. 제발…. 주인공은 사람이다.

그쪽은 잘 안 가게 돼. 발이 그냥 홍대 쪽을 향하게 돼.
왜 그렇지?
태양을 보고 걷는 길이 편해. 그래서 아닐까.

(상) 도로와 묘하게 만나는 대문 풍경, 넉넉한 처마 아래 계단을 다루는 솜씨와 여유가 멋지다. (하) 골목이 만나는 집의 벽돌아치 대문. 보고 있으면 흐뭇하다. 작은 턱은 화분의 자리다. *연희로27나길

'개린이집', 건널목 신호를 기다리는 동안 미소가 지어졌다. 애완동물의 유치원 호텔 용품점이란다. 얼마 전까지 어린이집이었는데 대상이 바뀌었다. 그 너머로 고 노태우 전 대통령의 사저 골목이 보인다. 경찰 기동대 초소가 쓸쓸해졌다. 하루 두 번 교대식을 하며 지키는 공익요원들 덕분에 동네 치안이 좋았다. 든 자리는 몰라도 난 자리는 안다. 초소 건너로 온통 겨자색을 칠한 집이 이어진다. 덕분에 골목이 훤하다. 대문 풍경을 카메라에 담느라 꼼지락거리자 한마디가 날아온다.

그 집 대문 봄 개나리 같아.

그래, 지천으로 널린 봄색은 노랑이지.

조금 더 가면 '장희빈 우물터'가 나온다. 연희동엔 궁녀들의 사가私家가 많았고 산과 물이 깊어 우물이 많았다는 이야기가 있다. 정사가 아니라 전설이다. 한곳을 복원해서 18세기의 '희빈 장씨禧嬪張氏'를 소환했다. 정자를 씌운 우물은 장식이다. 뚜껑이 꼭꼭 닫혀 물을 먹을 순 없다. 역사의 흔적은 박제를 넘어 쓸 수 있도록 해야 지금의 것이 된다. 옛 지도를 보니 우물 아래는 궁동산의 물이 흘렀던 개천 자리다.

오히려 우물과 마주한 '강녕재'란 문패의 대문이 반갑다. 문 앞에 조각을 두었다. 조각을 마당이 아닌 대문에 둔 배려가 놀랍다. 훼손의 우려 대신 오가는 이가 보도록 했다. 덕분에 희빈 장씨의 우물은 덜 휑하다.

대문은 집의 얼굴이고 골목 풍경의 핵심이다. 개인과 공공이 만나는 접점이 대문이다. 여유 있고 기분 좋게 만나는 '대문풍경'은 동네를 풍성하게 한다. 경사진 땅의 복잡함을 해결한 묘수도 그곳에 있다.

(상) 4월 등나무 꽃이 필 때 이 골목은 최고가 된다. *증가로와 연희로15안길이 만나는 곳
(하좌) 소설가의 집, '복복당' 대문 풍경, 사람·반려견·택배를 위한 문이 묘하다.
(하우) 조각을 집 앞에 두고 모든 이가 누리도록 만든 배려

만 보를 훌쩍 넘겼네….

오늘은 조금만 걷자고 했으나 늘 마음대로 안 된다. 동네에선 두 시간 걷기가 적당하다. 거리보다 시간이 중요하다. 걷고 들여다보고 사진 찍고 구시렁거리다 보면 시간이 훌쩍 간다. 경사지 골목을 한 시간쯤 누비면 쉼이 필요하다. 적당한 곳에 앉아 커피로 힘을 보충한다. 그래야 좋은 리듬이 계속된다. 햇살 좋은 대문 앞 계단이 적당하다. 오늘 앉은 이 집의 대문 풍경은 묘하다. 도로와 만나는 지점은 폭이 50cm밖에 안 되는데 몇 단만 올라가면 3m로 넓어진다. 경사면을 따라 통돌을 깎아 다듬은 해법도 깎은 솜씨도 좋다. 넉넉한 처마까지 갖췄다. 집 주인님 오늘 좀 쓸게요.

이 골목은 안 가봤는데….

좁은 골목, V자로 꺾인 지점에 시선이 멈췄다. 대나무가 울창하다. 찬 기운이 남아있던 날 쏴아아 대나무 소리가 좋다. 댓잎의 몸서리. 대나무를 심은 건 옆집의 시선 때문만이 아니라 좁은 골목을 오가는 사람을 위한 배려가 분명하다. 이 집의 주차장은 반대편에 있다. 최근에 지은 집의 대문이 기분 좋은 풍경으로 다가오는 일은 드물다. 연희동 119-6번지의 대문은 집을 드나드는 풍경에 공을 들인 곳이다. 그래서 이 집은 빛난다.

　골목을 나와 서연중학교 남서쪽 언덕을 오르면 '복복당'이 보인다. 유명한 소설가의 집이다. 비오톱biotope 1등급인 궁동산을 깎아서 고급 주택을 분양하려던 개발계획은 동네 주민이 된 그의 노력으로 멈췄다. 그들은 소설가의 집으로 들어가는 차도를 막아버렸다. 도로는 그들이 개발하는 입구의 땅이다. 복수. ㅠㅠ 이젠 계단 가파른 길을 여러 번 꺾어 막다른 곳으로 가야 집에 도착한다. 집 짓는 고생이 지독했으리라. 주인도 건축가도. 차를 위한 문은 없다. 대문 아래 반려견용 문이 있고, 곁엔 택배물건을 두는 빨간 문이 있다. 쓰는 이의 불편을 가늠하기 어렵지만 보는 사람은 정겹다.

언덕 꼭대기의 집 '복룡사' 대문은 색다르다. 화려한 일주문 하나로 집은 절이 되었다. 집보다 문을 만드는데 몇 배의 공을 들였다. 담 아래 탱화와 작은 부처님을 모셨으니 '절'이 분명하다. 종교시설이 어떤 모습이어야 하는가. 종교의 본질은 어디에 있는가. 코로나19로 종교집회가 중단된 시점에 만난 이 집에서 그 질문이 자연스럽게 나왔다.

골목이 만나는 지점에 벽돌로 큰 아치를 튼 대문도 특이하다. 3단을 접어 만든 그곳엔 넘치는 감각과 여유가 보인다. 왜 지금의 집은 저런 걸 만드는 마음이 사라졌을까. 주인도 건축가도. 몇 해 전 서울 알로이시오 가족센터를 만들 때 벽돌로 된 큰 아치는 3번을 뜯고서야 겨우 완성했다. 높이가 8m인 볼트vault 형태로 조금 복잡하긴 했지만. 그래도 21세기인데.

대문은 단순히 집을 드나드는 곳을 넘어 개성과 배려가 표현되는 장소이자 공과 사가 만나는 접점이다. 담과 함께 동네 풍경을 만드는 핵심이다. 대문은 집의 첫인상으로, 주인의 마음이 오롯이 드러나는 곳이다. 문은 주변을 같이 다루는 디자인과 세밀함이 필요하다. 대문에 처마를 만드는 것은 당연했다. 그 아래 공간은 손에 든 장바구니를 잠깐 두거나 문을 여닫으며 우산을 접고 펴는 '여지餘地·與地, 여유 공간, 더 붙어 쓰는 땅'이다. 처마는 작은 텃밭이 되기도 하고 동네 고양이들의 놀이터이자 낮잠의 최적지다.

요즘 현관 처마의 위력이 다시 살아나고 있다. 택배와 분리수거의 공간으로 쓰임이 살아났다. 24시간 움직이는 그들에게 비를 피해 물건을 안심하고 전달할 장소가 처마 있는 현관이다. 복잡한 분리수거품을 비와 이슬에 젖지 않게 둘 수 있는 곳도 처마 아래다. 기둥에서 1m씩 바깥으로 내어 달아도 건물의 면적에 포함되지 않아 손해 볼 것도 없다. 다만 그걸 만들 여유와 마음이 사라지는 것이 슬프다. 40년 전 집장사들이 만든 불란서 주택은 모두 그걸 갖췄다. 그들의 안목이 지금의 건축가보다 부족하지 않았다. 우리 집 대문도 그렇다. 문패를 걸어둔 것이 우리가 한 전부다. 처마 위 텃밭은 늘 풀이 차지하고 있다. 동네를 위해 올핸 꽃을 심어야겠다.

대문이 내 집과 도로를 구분하는 '경계'를 넘어 이런 '여지'를 가질 때 동네가 풍요로워지는 건 아닐까. 청명은 어쩌다 한식에 밀렸고, 이젠 식목일에 밀렸다. 날 좋고 손 없는 날, 이사하거나 묏자리를 돌보거나 집을 고치거나 하란다. 나는 꽁꽁 숨어 있는 진달래를 따고 쑥을 캤다.

나무문

저 집 안이 어떻게 생겼을지 궁금하네.

따뜻한 느낌의 대문엔 나무를 많이 쓴다. 촉감과 색상이 부드럽다. 10cm 안팎의 나무판을 가로세로 방향으로 붙여서 만들고 처마는 필수다.
젊은 디자이너들은 폭이 더 좁은 목재널이나 판문을 써서 낯설게 만든다. 20~30년 후까지 지속성이 확인되지 않았으나 지금의 새로움도 중요하다. 난 두툼한 통나무 판문을 쓴 옛집 대문의 정취가 더 좋다. 그런 문은 연희동에서는 찾지 못했다.

철문

여기 들어가 볼 수 있나. 코로나 때문에 잠갔나?

연희문학창작촌의 대문은 금속 자모의 글자를 이어 붙여서 만들었다. '그림자, 가을, 꿈…' 같은 정겨운 단어들이 빼곡하다.

뒤틀고 휘고 접고 붙이고 끼우고…. 자유로운 솜씨를 뿜을 수 있는 철제 대문. 얇은 판을 직조방식으로 엮어서 각관으로 무늬를 만들기도 하고, 꽃무늬를 내기도 하고, 철골 틀에 '볼로문'의 상징을 닮게 하기도, 스테인리스 표면에 발색 기법을 써서 금속의 색을 부드럽게 만들기도 한다. 오래된 주택엔 얇은 철판에 색을 칠한 대문이 많다. 시골의 집집마다 겨우 달려 있던 그 철문이다. 색을 밀고 올라온 부식에 견뎌온 세월이 보인다. 풍화Aging의 결정판 같다. 묵직한 주물로 빚은 대장장이의 손길이 닿은 금속문을 만나는 날도 오겠지.

여섯 번째
절기

곡우 穀雨

농사비가
내린다

기분 좋은 동네길

봄비에 곡식이 윤택해져서 붙여진 이름.
곡穀, 저 한자는 복잡해서 이제는 겨우겨우 쓸까 말까 한다.
왼쪽 아래 곡식이 들어있다. 벼禾, 한자권에서 주식인 쌀이다.
언제까지 그 자리를 잃지 않고 지킬 수 있을까.
절기처럼 흔적만 남는 건 아니겠지.
봄의 마지막 절기 곡우,
며칠 전에 내린 비에 목말랐던 마당은 신이 난 듯 색이 곱다.
음식연구가 최만순은 곡우에 양생밥을 먹으라 권한다.
황기 육수에 기장과 수수를 넣어서 만든다.
기氣가 세고 날씨 변화가 많은 시절에 위를 보호하는 음식이란다.
집을 지을 때 콘크리트를 부어 말리는 것도 '양생'이라고 하는데…….
제 기능을 하도록 기다리는 적당한 시간이 양생이다.
집도 몸도 밥도 다 양생이 필요하다.
차茶의 수확 시기도 곡우와 관계가 깊다.
곡우에 수확한 찻잎은 새순으로 귀한 대접을 받아왔다.
그리고 이맘때 흑산도 근처에선 겨울을 보낸 조기도
격렬비열도까지 올라온다. 곡우 사리란 별칭이 붙을 만큼 유명하다.
살은 적지만 연하고 맛있어 으뜸으로 친다.
'곡우사리 영광굴비축제'도 요 때 맞춰서 연다.
기를 보태고 비위脾胃를 보양하는 최고의 식품이라니 꼭 먹어야겠지.
요즘은 먹을 것이 없는 게 아니라 먹을 핑계가 없을 뿐이다.
차와 조기를 한 번에 먹을 수 있는 핑계를 찾아야겠다.

보리굴비 먹자. 방풍나물과 바지락도 어떻게 안 될까….
집에선 못해!! 파주에 잘하는 집 찾아놨어.

홍제천 인공 폭포. 봄이 오면 인공이 아닌 척 내리는 폭포 소리가 좋다. 햇살도 소리도. 건너편 자리가 명당
이다.

일찍 옴 같이 걸어 줄게~~^^

메시지에 설렌다.

이 시간이 이뻐.

날씨는 아직도 봄이 왔다 갔다 한다. 해가 넘어가는 시간에 궁동산 서
쪽 104고지 부대로 가는 길에 올랐다. 경의선 철길의 우아한 곡선이
작은 건물들의 시중을 받으며 달려온다. 해발이 겨우 104m인데 이곳
에서 보는 시선이 시원하다. 이 시간 이 길엔 사람이 없다. 구릉을 따
라 아까시나무의 검은 근육과 벚나무 꽃잎, 시나브로 변하는 석양까
지 황홀한 동네 풍경이 펼쳐진다. 멀리 서해안 바닷가나 산토리니까지
가서 찾아야만 얻을 수 있는 것이 아니다. 곁에 있다.

오늘은 꽃비가 내려. 골목 걷기가 밀렸어.

궁동산의 왕벚나무가 몸서리쳐 떨군 꽃잎이 산길에서 광채를 낸다. 어둑한 시간 발을 비추는 꼬마전구 같다. 궁동산체육관 앞길로 나왔다. 확 트인 눈 맛이 좋다. 이곳은 연희동을 한눈에 볼 수 있는 최고의 장소. 발아래로 펼쳐진 풍광을 보는 것은 매혹적이다. 도시를 내려다보는 시선, 하염없이 아래를 바라보는 맛. 이곳의 풍경이 이 동네를 택하게 했다. 연희동의 시선은 대체로 편안하다. 올망졸망한 지붕선이 '또 하나의 지형'으로 이어져 있다. 이렇게 자연의 흐름을 거스르지 않는 도시와 건축의 전략은 없을까. 용적률이나 높이 제한이 아니라 건물이 주변 지형의 흐름을 넘지 못하게 하면 안 될까. 2차원이 아니라 3차원으로. 기술도 자료도 다 있는데 왜 하지 않을까? 시선과 풍광은 모두의 것이다. 까만 밤이 되자 그 생각이 더 확고해진다. 능선을 치고 올라온 박스들이 눈에 거슬린다. 밉다.

기분 좋은 길이야, 이 동네길.
어떤 매력에 끌리는 걸까?

걷다 보면 우리는 주로 태양이 비추는 방향으로, 표정이 다양한 곳으로, 좁은 골목으로 향한다. 나무와 꽃이 많은 곳에 멈추게 되고, 시선이 편한 곳에서 쉬게 된다. 그리고 자연이 만든 길은 다시 가게 된다.

'걸으면 기분이 좋아지는 곳'이 그런 곳이다. 한결같은 곳도 있지만, 계절마다 다른 맛을 내는 곳들이다. 지금은 '봄길'을 누릴 시간이다.

'편한 시선과 좋은 감촉을 선사하는 곳'이 그런 곳이다. 시선이 열려 전체가 조망되는 곳을 만나면 흥분된다. 동네가 잘 내려다보이는

성산로 빵집 곳간에서 서쪽으로, 언덕이 높아 방치된 길이 이 큰 대로에서 제일 걸을만한 길이다. 이열식재
덕분이다.

곳. 숨 가쁜 발품을 팔아야 그 보상이 주어진다. 힘들면 서대문04번 버스를 타면 된다. 그런 곳엔 햇살과 바람, 꽃향기도 몰려든다. 아파트만 가리지 않는다면.

'스스로 이야기를 뿜어내는 곳'이 그런 곳이다. 오랜 시간의 풍화를 견뎌낸 곳, 낯선 풍경을 볼 수 있는 곳, 중첩된 1970년대와 2020년의 삶이 한 번에 보이는 곳, 자연과 도시가 같이 보이는 곳 같은 모습을 볼 수 있는 곳에 가면 생각이 많아진다. 누가 이야기해 주지 않아도 장소는 자신의 이야기를 보여주고 들려준다.

서대문구청에서 만든 <같이, 함께 연희 걸어볼 지도>엔 동네의 매력적인 코스가 소개되어 있다. 20분 내외로 걸을 수 있는 길이다. '연희 갤러리로드', '연희 책방길', '연희 중식로드', '연희 둘레길', '연희 공방길'까지. 몇 년 사이 이미 사라진 곳도 있지만 대체로 적당하다. 그러나 일상에선 이렇게 주제별로 걸을 일은 별로 없다. 우리는 '걷고 – 보고 – 쉬고 – 사고' 이런 리듬으로 움직인다.

작은 배낭에 커피 한 통과 간식을 넣고 어슬렁거린다. 몸의 리듬에 맞춰서 적당한 장소를 만나면 언제든 멈춘다. 앉을 곳이 한 뼘만 되면 어디든. 안산자락이 황홀하지만 먼저 동네에 기분 좋은 곳을 추렸다.

홍제천 길

동네 사람들 최고의 산책길이며 라이딩 코스다. 제법 맑아진 물엔 청둥오리가 어슬렁거린다. 홍제천 위 내부순환로를 오가는 차량 진동이 방풍막을 흔드는 소리가 음악같다. 동네의 길보다 5m 아래에 조성된 곳이라 아늑하다. 조경석을 톱니처럼 만든 곳에 꽃을 심은 세심함도

(상) 궁동산체육관 앞의 장미꽃길
(하) 연희궁 아파트 뒷편의 벚꽃 풍경

갖췄다. 한강까지 이어지는 7.5km는 마라톤을 하는 이들이 많다. 아침 저녁이면 바람이 살랑거린다. 하여튼 좋다.

궁동산 장미꽃길과 궁동산체육관 앞길

연희동의 풍광을 한눈에 볼 수 있는 명소. 안산에 파묻힌 동네를 빤히 들여다보면 살고 싶어진다. 그래서 우리도 이 동네에 살고 있다. 서대문04번 마을버스가 다니는 궁동산체육관의 앞길엔 100m가 넘는 '장미꽃길'이 있다. 여름엔 여러 종류의 장미가 가득해서 그네 의자는 청춘들로 바쁘다. 화전에 넣을 진달래를 이곳에서 찾았다.

홍제천 인공 폭포 앞길

봄이 오면 매력이 커지는 곳. 3줄기 폭포는 자연스럽고 쏟아지는 소리와 어울린다. 요즘같이 사회적 거리를 지켜야 할 때 칸칸이 앉아 그늘과 햇살과 소리와 풍경을 만끽하기 좋은 곳이다. 어르신들의 내기 장기에 가끔 시끄럽다. 바위산에 엉겨붙은 봄꽃이 붉다.

연희궁 아파트 벚꽃길

작은 안산자락에서 한적한 분위기로 봄마다 꽃비를 내려주는 길. 동네 벚꽃길 중 으뜸이다. 진해와 규모를 비교하기는 어렵지만 작전사령부 안쪽과 여좌천, 그곳은 정말 끝내준다, 꽃잎이 많이 떨어지는 가장자리는 주차된 차 때문에 아쉽다. 이때만이라도 비켜주면 좋은데. 사람이 없어서 더 좋다.

(상) 안산자락길의 봄 풍경
(하) 사러가 주차장 뒷편의 주택가 골목 풍경

궁동산 서쪽, 성산로9길의 끝

철도가 달리는 모습이 노을에 꽂히는 장면을 내려다볼 수 있는 곳이다. 철길이 연희동의 경계다. 산길을 올라 궁동산을 한 바퀴 돌면 등이 축축해진다. 진짜 매력은 호젓하다는 데 있다. 거의 아무도 없다. 잎새가 많아지기 전이 최고다.

연서 지하보도를 지나 경의선숲길로 가는 통로

지하도를 내려가는 기분은 불쾌하다. 1분을 참으면 경의선숲길의 시작점을 만나는 보상이 주어진다. 딴 세상이 나타나는 반전을 맞이하는 길. 연희동에서 연남동으로 전환되는 지점, 대로와 철길의 소음이 사라지고 평화가 반긴다. 좋은 햇살에 앉을 자리까지 잘 마련되어 있다. 홍대입구역에서 경의선 숲길을 따라 연희동으로 오는 접점이다.

성산로 변의 옹벽길

빵집 '곳간'을 지나 사천교 방향의 100m와 연희교차로에서 연세대학교로 넘어가는 구간은 도로에 잘린 언덕과 도로의 가로수가 촘촘해서 큰길을 걷는 삭막함이 사라지는 곳이다. 봄이 오면 존재감이 드러난다. 두 열로 심어진 가로수 덕분이다.

'사러가' 북쪽 주택가의 골목

정성을 쏟은 담장과 대문, 새로 지은 집의 풍광이 다채로운 코스. 이곳의 주택들은 슬금슬금 상가로 변신 중이다. 옛 모습은 줄어들지만 들어가서 볼 수 있는 집이 늘어 궁금증이 해소되기도 한다. 자본과 번

(상) 연희동 1번지 동쪽 개나리 언덕
(하) 작은안산의 서쪽에 숨은 솔숲

잡함의 침략, 사람의 세대교체가 만든 결과다. 변화가 주는 재미까지.

서대문도서관에서 홍제동을 넘는 길

개나리 광채가 주변을 지배한다. 안산을 잘라 만든 모래내길이 묘하고, 안산자락길로 이어진 소나무길도 이곳과 이어진다.

작은안산 서쪽 솔숲

산 중턱 경로당의 안쪽, 솔향이 가득 올라온다. 아까시나무만 가득한 산에 풍성한 솔숲이 있다. 나무 데크를 깔아 길이 연결되었지만 알아차리기 어렵다. 이곳에 붙은 서연희 에스엠아파트의 독차지다. 안산에 소나무가 많았다는 증거. 혼자 즐길 수 있다.

홍연8길 골목

머릿속에서 그릴 수 있는, 지도로 표시될 수 있는 동네가 아니다. 홍연소공원의 서쪽 산에 붙은 120여 필지. 많은 생각을 하게 만든다. 연희동에서 가장 복합한 길을 가진 곳이다. 차도 오토바이도 들어갈 수 없다. 오직 두 발로 움직여야 한다. 마음에 깊이 남는 곳이다.

이렇게 발발거리며 다녀도 동네를 다 누릴 수가 없어.
잘나고 멋있다고 해봐야 얼마나 차이가 있겠어.
주변을 찾아 누리는 게 좋은 거지.
계절마다 시간마다 날씨마다 내 기분 따라 매번 달라.

(상) 궁동산 서쪽, 가끔 들리는 기차 소리와 함께 한적하게 동네구경하며 걷기 좋은 곳. 석양에 만나면 ^^
(하) 궁동산 북쪽. 도시계획이 만든 풍경은 왜 이리 똑같고 삭막할까?

좋은 길은 시와 때를 맞춰서 가야 한다. 별것 아닌 보이지 않던 것들도 때가 맞으면 아름다움이 드러난다.

연희동 동네길 500곳을 찾아가며 다 걸었다. 둘이서 두 발로. 한 번씩 도는데 33번, 34만 보, 245km, 70시간이 걸렸다. 그러나 이제 두 계절을 느꼈을 뿐이다. 여름과 가을의 모습은 또 다를 것이다.

속았다.

그런 생각이 스친다. 늘 다른 동네가 더 좋은 곳이라고 생각했다. 내가 사는 곳의 매력을 몰랐다. 코로나19 사태의 우리나라를 보면서 그런 생각이 겹쳤다. '선진국'이라 부르며 그들의 방식을 쫓아야 한다던 나라들의 대응을 보면서 의아심이 든다. 어라? 우리가 최고네. 어쩌면 우리의 사고는 1970~80년대에 머물러 있는 것은 아닐까. 중고등교육을 받을 때 그대로 멈춘 건 아닐까. 계속 남의 기준으로 기웃거린 건 아닐까. 우리 안에만 있어서 잘 느끼지 못했다. 이제야 깨닫는다. 이미 우리는 표준이다. 스스로의 표준이면 충분하다. 내 것에 집중하자. 동네도 우리의 건축도 나도.

일곱 번째
절기

입하 立夏

여름 시작

매력 안산

입·하·여·름·이라니. 목도리와 조끼를 벗지 못하는 새벽 시간인데
여름이라고? 인정하기 싫어도 녀석은 슬그머니 와있다.
조상들은 알고 있었다. 여름이 이렇게 아무렇지도 않게 온다는 걸.
올해도 내내 가물다가 곡우 전날 비가 많이 내렸다.
제갈공명의 동풍 예언이나 인디언의 기우제처럼 잘 맞는다.
절기節氣에 따르기로 마음먹으니 더 잘 맞는 것 같다.
이런 것이 쌓여 믿음이 되고 종교가 되는 건 아닐까.
온통 파릇파릇해졌으니 먹을 음식도 다양해졌다.
입하에 쑥버무리, 생고사리 찜, 장아찌 김밥, 육포 등을 먹으라는 말이
눈에 들어온다. 무, 오이, 마늘쫑, 더덕을 넣어서 만든
장아찌 김밥이라니. 햄, 참치, 맛살은 어쩌고. 다른 걸 찾아야겠다.
동네 브랜드 '연희김밥'으로 절기를 보내긴 아쉽다.
편포, 대추포, 칠보편포 말린 것을 먹어라. 이게 맘에 든다.
육포는 나의 최애 간식이다. '궁宮 우육포'가 으뜸이다.
'비첸향Bee Cheng Hiang, 美珍香'도 좋고. 한입에 쏙 들어가는 비첸향은
달달함과 낱개 포장의 편리함이 환상적이다.
안산을 넘어 세 시간을 걸었던 부활절에 명동성당 입구에서 만난
비첸향 직영매장은 일요일 아침에도 문을 열었다.
열어주셔서 감사합니다란 말이 절로 나왔다.
오래전 싱가포르를 다녀온 누군가가 보여준 그 맛에 눈이 번쩍 뜨였다.
세상에 이런 육포 맛이 있구나. 그 후 동남아 여행에서 돌아오는 우리의
가방엔 비첸향만 가득했다. 기념품은 그게 전부였다. 돼지고기 육포
35만 원어치. 쫄리는 마음으로 공항의 검역을 통과했다. 1933년 창업한
미친 맛, 찬양수준으로 주변에 나눠주고 먹었던 기억이 떠오른다.

그만 먹어. 자기만 먹을 거야! 코로나로 휴가도 못 나오는 아들 생각 좀
하시죠.
일주일째 아껴 먹던 육포의 절반이 국방부 소속 아들의 위문품에
공출되었다. 그렇게 채워진 대형박스는 양구의 GOP 어딘가로 보내졌다.
'PX 차려도 되겠네….'라는 동기 상병들의 말이 카톡으로 날아왔다.

안산자락길의 메타세쿼이아 길. 해먹이 걸린 쉼터. 초여름 검은 수직줄기에 초록이 시작됐다.

한 바퀴 돌고 올까?

새벽 산보에 나섰다. 6시. 선선하다. 이미 너무 밝다. 더 일찍 나서야
한다. 안산자락길의 북쪽에 서대문도서관으로 내려가는 길이 새로 열
렸다. '산과 책이 있는 도서관'이란 팻말이 걸렸다.

음…. 이 다방 마음에 드네.

소나무 숲의 야외 도서관이 아늑하다. 나뭇가지 사이에 설치한 책장
이 궁금해 눈길이 바쁘다. 『세법 강의』, 아…. 숲속과 어울리지 않는
책들. 큐레이션이 조금 아쉽지만 여기서 걷기를 멈출까를 고민할 만큼
오늘은 이곳을 발견한 거로 만족이다. 이 시간에도 오르내리는 이가
많다. 꼭 필요한 곳에 길을 만들었다는 뜻이다. 커피 한 잔을 들고 자
리에 앉았더니 다시 아쉬움이 보인다. 테두리에 설치된 난간이 시선에
걸린다. 없어도 될 텐데. 그러면 시야가 더 편할 텐데. 안전을 이유로
난간 높이를 1.2m로 만들어야 한다는 건축물의 규정이 짓눌렀을 것
이다. 여기는 산山이다. 사람들은 등산로의 흙길을 걸어왔고, 그런 곳
에 난간은 필요 없다. 낭떠러지가 아닌 곳은 없애도 된다. 아니 없어야
한다. 난간 없는 보행로. 작지만 큰 차이다. 난간을 만들지 않아도 된
다는 판단이 아쉽다. 쉼터를 만든 이유를 새겨볼 일이다.

　겨울과 봄이 섞인 안산은 황홀하다. 가을 단풍철은 찬란하지만
나는 이 계절이 더 좋다. 잎이 돋지 않은 아까시나무의 검은 줄기와
노란 개나리, 찔레순이 가득 올라와 초록이 뒤섞인 늦봄의 색감이 최
고다. 변화의 싱싱함 때문이다. 데크의 경사로 귀퉁이엔 늘어진 귀룽
나무 초록 잎 새순이 싱싱하다. 흰 꽃과 늘어진 자태가 산길에 잘 어

안산 봉수대 아래 전경. 태조 이성계가 하륜과 함께 한양 천도의 핵심지를 정하기 위해 올랐던 곳이리라. 트인 눈 맛이 최고다.

울린다.

안산자락길 7km를 한 바퀴 돌려면 1시간 반이 걸린다. 12,000보. 달리기 연습을 할 것이 아니라면 대체로 두 시간이 적당하다. 싱싱한 햇살 아래 도심을 감상할 쉼터를 그냥 지나칠 수 없다. 그곳을 누리기 위해 때를 맞춰 가는 것이다. 자락길은 2.1m 폭의 하드우드hardwood 판이 산 전체에 깔렸다. 장애인 휠체어로 산을 한 바퀴 돌 수 있도록 만든 기획의 결과다. 길은 마주 오는 사람이 자연스레 지나가도록 폭이 적절하다. 길을 잃을 일도 없지만 중간중간엔 노랑 파랑 화살표가 자락길임을 알린다. 익숙한 느낌은 제주도 올레길 표시를 그대로 따랐기 때문이다. 디자인을 쓰는 허락은 받았겠지….

비 온 뒤 안산은 두터운 숲이 품은 촉촉함을 서서히 뿜어낸다. 오

늘은 그 기운을 받으러 왔다. 내가 허락한 시간이 아니라 숲의 시간에
맞춰 걷는다. 그게 좋다. 슬슬 땀이 난다. 껴입은 옷 탓도 있지만 해가
힘을 발휘할 시간이 되었다. 새벽 산보는 그림자가 짙어지기 전에 끝내
야 한다. 해가 뜨자 코로나19에 지친 사람들이 폭풍처럼 올라온다. 돌
아갈 시간이다.

누구의 아이디어로 시작되었을까?
안산자락길: 노약자, 장애인 등 모든 지역주민이 휠체어나 유모차를 이용하여
편안하게 산책을 즐길 수 있는 무장애 자락길을 조성하여 누구나 숲의 혜택을
누릴 수 있도록 조성

(상) 자연과 도시가 한눈에 담기는 안산자락길 7km. 장애인 휠체어로 산을 한 바퀴 돌 수 있게 만든 기획,
이 발상을 한 서대문구청의 그 공무원이 누굴까? 감사해요.
(하) 메타세쿼이아 사이의 지그재그길 675m, 늘 맛있다. 겨울과 늦봄이 교차하는 지금이 최고다.

서대문구 홈페이지엔 멋진 일을 이렇게 무덤덤하게 소개하고 있다. 2010년 10월부터 2013월 12월까지 3년간 48억 원을 들여 만들었다. 이사 오기 전에 만들어졌으니 우리는 혜택만 누리는 셈이다. 안산자락길은 안산도시자연공원 2,088,704㎡ 63만 평의 핵심이 되었고, 안산은 서대문구 면적의 12%로 궁동산과 함께 연희동의 1/4을 차지하는 도심지 허파 역할을 한다.

휠체어를 타고 산을 한 바퀴 돌 수 있다고?
폭 2.1m, 경사도 9% 이하. 숫자에 교통약자를 위한 배려가 담겨있다. 2020년에도 시각장애 국회의원의 반려견 국회 출입이 여전히 논란인데, 이 계획을 실행한 누군가는 '생각'이 공감을 얻어 '의지'가 되자 '방법'을 찾았을 것이다. '안돼', '어려워'가 아닌 '해보자'라는 태도가 모든 이가 이 길을 누리는 혜택으로 돌아왔다. 서대문구의 한 '공무원'의 아이디어에서 시작된 일이라는데 그가 누굴까? 멋진 일은 제대로 칭찬을 해야 한다. 아시는 분 없어요? 고맙습니다.

서대문구는 '안산자락길'과 '도보관광 5개 코스'를 매력적인 장소로 홍보한다. 한두 시간에 걷기 좋은 곳을 골랐다. 1코스 신촌역-봉원사, 2코스 이화여대역-영천시장, 3코스 독립문역-홍제천, 4코스 봉원사-연희맛로, 5코스 홍제역-서대문자연사박물관. 모두 연희동과 안산을 끼고 도는 길이다.
　안산을 오르는 것은 등산이라기보다 동네 사람들의 일상이다. 스물일곱 개의 약수터를 이용하는 사람이나, 수십 개 배드민턴장에서

서쪽 중턱에서 무악정으로 가는 흙길

셔틀콕을 날리는 사람이나, 태고종의 총본산 봉원사를 오가는 불자들이나, 머리를 식히러 온 정치인들에게 모두.

걸을 때마다 우리의 마음과 발길이 머무는 곳이 있다. 그곳에 닿는 시간도 중요하다.

안산의 명품 장소 좀 정리해 봐.

무악정 아래 메타세쿼이아 숲길

안산도시자연공원 안내 지도의 메타세쿼이아 숲이 아닌 서쪽 중턱에 있는 지그재그 구간 675m 길. '안산 벚꽃길', '가을 단풍길'은 유명세를 타서 사람이 북적이지만, 안산 최고의 코스는 '무악정毋岳亭' 아래의 이 메타세쿼이아 길이다. 서울 도심에서 이렇게 깊은 숲을 만나는 것은 축복이다. 앙상한 가지만 있는 겨울은 몽환적이고, 초록으로 덮인 여름과 가을은 피톤치드 향과 연한 초록잎이 머리를 아득하게 한다. 계절과 상관없이 늘 감동을 준다. 계절이 바뀌는 봄엔 벚나무 귀룽나무 등 일찍 순을 내민 나무들과 나신의 메타세쿼이아가 대비되어 묘하다. 그리고 이곳의 '달빛 걷기'는 매혹의 궁극이다.

메타세쿼이아 숲에서 무악정으로 가는 흙길

오래된 왕벚나무와 빽빽한 자작나무가 어우러진 흙길. 안산자락길의 위쪽이라 동네 사람들이 주로 걷는다. 멀리서 안산을 보면 이곳은 봄마다 산허리에 하얀 수평 띠가 생긴다. 벚꽃이 만든 하얀 선이다. 나무 사이를 관통하는 흙길의 붉은색과 검은 산줄기의 조화가 매력이다.

(상) 안산 서쪽, 무악학사 위쪽의 야외 사찰 보련사. 연희동의 옛길 중 하나다. (중·하) 안산 북쪽에서 서대
문도서관으로 이어지는 소나무길, 소나무 사이에 만든 야외 도서관은 아늑하다. 독서보단 도시락 까먹기,
커피 마시기에 좋은 자리다.

시원함에 가슴이 트이고 선명한 초록색에 눈이 트인다. 인적 드문 새벽 시간에 가면 온전히 우리 것이 된다. 그 시간은 땅이 촉촉하고 새소리도 많다.

무악정 옆 소나무길

무악정에서 산 정상 봉수대로 향하는 길의 소나무에 약병이 꽂혀있다. 산에 소나무가 많았던 흔적이 이곳에 남아있다. 이젠 나무에 관리 번호가 붙었다. 연희동의 가장 동쪽 건물이 무악정이다. 건축물이지만 별도 건물 대장이 없는 그러나 존재가 확실한 건물. 풍경이 좋은 자리엔 늘 정자가 있다. 능안정, 무악정, 안산정…. 그곳엔 햇살을 등지고 앉은 어르신들의 등이 촘촘하다. 이곳에선 쉬어야 한다.

숲속 힐링캠프 해먹 쉼터

무악정에서 메타세쿼이아 숲을 통과하는 중간에 있는 해먹Hammock에 올랐다. 보행길 아래 따로 떨어져 있어 한적하다. 쉬는 맛을 아는 사람이 만들었다. 흔들흔들. 이곳 숲의 그늘은 두텁다. 나란히 누워 서로의 사진을 찍는다. 한쪽 다리로 굴려 좌우로 흔들거려야 제맛이 난다. 브라질 원주민이 해먹나무 수피樹皮로 그물을 만들어 쓴 것이 시초라는 해먹. 산모와 아기를 맨 여인들의 건강에 최고였단다. 누워보면 안다. 잠깐 졸음에 30분이 흘렀다. 여름엔 그늘과 바람이 있어야 금상첨화고, 봄가을엔 햇살이 적당해야 낮잠을 즐길 수 있다.

'용강면' 표지석, 안산에서 연세대학교 자락으로 흘러 내리는 곳에 1914년
에 박혔을 것이다. 100년이 넘었는데 이름을 잊었다고 좀 삐딱하다.

'산과 책이 있는 도서관', 서대문도서관으로 이어지는 소나무길

이곳을 보자마자 퍼질러 앉았다. 소나무 사이에 만든 야외 도서관은 아늑하다. 나뭇가지를 살려 만든 책장에 눈길이 갔다. 검은 수피 사이에서 동네 풍경을 감상하기에 좋다. 봄이면 흐드러진 개나리색이 황금빛이다. 책 읽기보단 도시락 먹고 커피 마시기에 좋은 자리다. 2020년 4월 길이 열렸다.

용천약수터에서 연세대학교의 청송대로 이어진 길

안산의 원지형이 살아있다. 연희동이 개발되기 전 원래 마을길이기도 하다. 오래된 소나무 숲이 싱싱하다. 학교 안이지만 학생은 별로 없고 산책하는 동네 사람이 많다. 연희동과 신촌동의 경계가 이곳이다. 중간 즈음엔 '용강면龍江面'이라 새긴 표지석이 남아있다. 「서울지명사전」에 용강면은 용산의 '용龍'자와 서강의 '강江'자를 합쳐서 유래되었다고 한다. 1914년 조선총독부령 제111호와 경기도령 제3호에 의해 경기도 고양군에 편입되었다고 설명한다. 백 년이 넘은 돌이라는 뜻이다. 이름을 잃은 것 때문인지 좀 삐딱해졌다. 용강면의 표지석들은 언더우드가기념관의 뜰에도 몇 개가 모여 있다. 이곳은 모두 조선왕실의 땅이었다.

안산자락길 조망점

산허리를 도는 안산자락길에선 북쪽 흔들바위 쉼터와 남쪽 세브란스병원이 보이는 쉼터의 시선이 좋다. 보행길에서 조금 비켜 있는 덕에 오가는 사람들을 피해 오래 앉아 있을 수 있다. 흔들바위 쉼터 쪽은 바위의 맛이 좋아 늘 누군가 머물고 있어 자리를 잡기가 어렵다. 남쪽 쉼터는 해지는 시간 도심의 불빛과 낙조가 어우러진 풍경이 좋다. 야경을 즐기다 시간을 놓치면 깜깜해진 길을 한참 걸어야 한다.

봉수대 앞 내리막길과 관음바위

서울 도심의 풍광, 북악산이 한눈에 보이는 곳이다. 자락길에서 봉수대를 오르면 산보는 등산이 된다. 다리가 뻐근해지는 곳이다. 정상에 있는 봉수대는 안산의 동봉을 복원했다고 하나 와 닿지는 않는다. 하륜河崙이 한양을 천도하기 위해 올랐던 곳이리라. 트인 눈 맛이 최고다. 600년 전이나 지금이나 크게 다르지 않을 것이다. 정상에 서면 관음바위의 암벽을 등반하는 이들이 보인다. 관음바위는 인근의 봉원사에서 담당했던 곳이다. 그래서 '봉원동 1번지'는 산 속에 있다.

여름과 겨울, 안산은 맛이 달라.

'쨍', 겨울에 이곳에 서면 하늘이 시리도록 파랗고 먼 산까지 시야가 트이는 소리가 들린다. 북한산성 청와대 남산타워 멀리 555m 롯데월드까지 선명하다. 눈은 파노라마로 펼쳐진 풍광을 쫓기에 바쁘다. 찬바람이 손등을 타고 겨드랑이까지, 머리끝에서 다시 등골을 타고 요추에 흐른다. 두툼한 옷 덕분에 찬바람은 오묘한 온도로 조화를 이루며 머리를 상쾌하게 한다. 겨울의 바람은 달콤하다. 안산의 여름과 겨울은 맛이 다르다.

안산의 동쪽으로 아파트가 산을 포위하고 있네.

홍제재개발…. ㅠㅠ '시선'과 '자연'은 모든 이의 것이다. 특히 산마루에 붙어 고층으로 짓는 재개발 아파트는 참혹하다. '주거환경정비'라는 말이 주는 정당성에 기댄 재앙이다. 정비란 말 앞에 괄호( )를 넣어 질문해야 한다. 누구를 위한 정비인가? 이건 도시가 아니라 땅 주인과 개발업자를 위한 정비다. 바뀌는 풍광과 막힌 시선은 모든 이가 누리던 풍경을 빼앗는다. 정비가 아니다. 개념을 바꿔야 한다. 정책을 제어할 수단이 '글'과 2차원 '선' 밖에 없었던 때에서 지금은 도시 전체 자료가 입체자료로 있다. 그걸 기반으로 시작해야 한다. 모든 이가 누리던 '환경'과 '시선'을 최우선으로 올리자. 제발.

인간이 만든 도시계획, 유명한 건축가의 건축물이 아무리 좋아도 자연이 주는 혜택과 감동의 발꿈치에 못 미친다. 게다가 자연은 계절마다 변화하는 모습으로 우리를 만난다. 동네 풍경과 매력 중 으뜸은 '안산'이다. 안산과 홍제천은 수천만 년간 그 자리에 그대로 있어왔다. 제발 존중하자. 제발.

카피라이터 정철은 '가다'라는 단어를 '인생에서 가장 먼저 해야 할 일이 무엇인지 가르쳐준다. 두 다리를 움직여 그 사람에게 간다. 그 사람이 다가오기를 기다리지 않는다'고 정의한다. 깊이 공감되는 안목이다. 동네는 다리를 움직여서 가야 보인다. 그리고 어디서든 멈출 수 있다는 점도 걷는 매력이다.

연희동이 보이는 안산자락길의 남쪽 쉼터. 도심과 어우러진 풍경. 특히 해질녘이 좋다.

야경을 즐기다 시간을 놓치면 깜깜해진 길을 한참 걸어야 한다. 왼쪽 아래 건물이 세브란스병원이다.

안산의
모습들

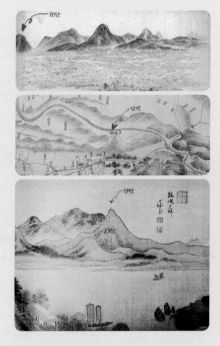

옛 그림 속 안산의 모습. (상) 18세기 김수철의 <한양전경도>, (중) 작자 미상의 <도성도>, (하) 정선의 <안현석봉>. 출처 『최열, 옛 그림으로 본 서울』

김정호나 18세기 작자 미상의 지도 <도성도>에선 안현鞍峴으로, 김수철의 <한양전경도>에서 제일 왼쪽에 그린 산이 '안산'이다. '모래내' 또는 '사천沙川'으로 표시된 홍제천과 짝으로 그려진 산이 안산이다. 정선은 <안현석봉>을 그리면서 안현안산을 가운데 두고 봉화대의 불까지 표현했다. 그림의 안산 왼쪽 아래에 보이는 산이 궁동산이다. 그림 속의 안산은 높고 뾰족하다. 해발 295.9m가 조선시대 화가들에게 인왕산 백악산 삼각산과 같은 위엄으로 인식되었다. 그런데 안산을 어디서 봐야 '말 안장'처럼 생긴 것일까.

안산
보행데크

안산자락길 목재데크. 폭 2.1미터
두 사람이 교행하기 넉넉하다.

뭐 그런 걸 다 보고 다녀. 그런데 듣고 보니 발에 뭐가 살짝 걸리는 느낌이네.

경사로의 나무널에 박힌 금속 넌슬립non-slip, 미끄럼방지에 눈이 갔다. 안산자락길용 주문품이다. 경사가 긴 구간에 미끄러지지 않도록 보강을 했다. 스테인리스판에 돌기 무늬를 넣어 만든 제품. 나쁘지 않다. 튀어나온 1mm 리벳이 걷는 내내 눈과 발바닥에 거슬렸다. 금속판을 고정한 둥근머리나사냄비 태핑, 목재를 조인 평리벳접시 태핑. 반복되는 발걸음의 진동에 견디려면 제대로 된 조임이 필요했을 것이다. 그러나… 누가 그 정도의 리벳 머리를 신경 쓸까마는 두툼한 등산화 속 발바닥이 그 느낌을 전달받는다.

여덟 번째
절기

소만 小滿

농사 시작

사이와 틈

소만이다.
'소만 바람에 설늙은이 얼어 죽는다.'는 속담이 딱 맞다.
새벽은 춥고 일교차는 어찌나 큰지 바깥에선 무릎 담요를 찾게 된다.
소만이란 이름은 가득 찬다滿는 말인데,
뭔가 부족小 했던가 보다. 주위는 녹음으로 가득 찼는데
정작 먹을 것이 없어서 그런 게 아닐까.
'보릿고개'를 견뎌야 했던 시기가 소만 즈음인데
먹을 것이 넘쳐나는 요즘은 그게 뭔 말인가 싶다.

냉잇국, 씀바귀나물, 풋마늘, 산채나물, 민물매운탕, 딸기 등을
챙겨 먹으란다. 새로 올라온 죽순도 제철이니 데쳐 먹으면 좋다고.
선택의 폭이 넓어졌다.

얼마 전 다녀온 담양 '죽녹원竹綠苑'이 떠오른다.
소쇄원瀟灑園의 기품보다 죽녹원의 힘이 더 크다는 걸 알게 되었다.
어슴푸레한 새벽, 10만 평 대나무 숲이 뿜는 아우라가 강했다.
하루에 50cm씩 자라는 죽순이라 했다.
지금쯤 녀석들이 쑤욱 올라왔겠구나.
너를 먹고 동네를 걸어야겠다.

틈. 식물은 그 사이를 놓치지 않는다. 건물 사이의 틈도.

난 저 틈 맘에 안 들어.
저 사이엔 꽃을 심고 상추를 심어 가꿨네.
걸을수록 도시의 틈이 눈에 걸린다. 작은 틈, 담의 틈, 집 사이 틈, 경
사지에 생긴 틈, 기찻길이 만든 도시의 틈까지. 저 틈을 어떻게 하느냐
에 동네의 매력이 달렸다.

쪼만한 땅이라도 있으면 뭐라도 한다이.
오래된 동네의 작은 땅들은 집을 짓고 어떻게 해서든 자신의 영역을
확장하며 쓴다. 적법, 편법, 불법의 경계가 어디인지 알 길 없다. 불법
발코니를 합법으로 만든 황당함에 비하면 동네집들이 스스로의 공간
을 확대하는 것이 무슨 문제일까. 그걸 불법이라며 막는 것이 옳은 것
인지 정말 헷갈린다. 건축가란 직업과 주민의 삶 사이에서 헤매는 기
분이다.

화분 부잣집이네. 옥상은 나무 산이야.
집은 사람이 지나갈 자리를 빼곤 화분이 빼곡하다. 오랫동안 하나씩
늘려서 만들었다. 도로의 경계석 사이에 담쟁이를 심고 포도 넝쿨을
올려 집을 초록으로 변화시켰다. 이 작은 공간, 방치된 틈에 경작하고
식물을 키워 멋을 채운 곳을 만나면 기쁘다. 그리고 고맙다. 버려진 장
소를 가꾸는 이들의 솜씨는 엄청나다.

도로의 경계석 사이에 담쟁이를 심고 포도 넝쿨을 올려 집을 초록으로 변화시킨 멋진 집

일이라고 생각하면 못 하는 거야. 조상묘도 벌초가 힘들어서 시멘트로 메워버리는데. 가꾸려는 사람은 콘크리트를 이렇게 파내서 흙을 넣어 꽃을 심는 거고.

경계와 틈의 풍경은 그런 마음의 차이가 결정짓는다. 공사를 하기 위해 경계에서 띄워야 하는 공간, 옆집과 50cm 이상 이격하라는 민법규정, 건폐율을 지키기 위해 남겨진 공간, 피난 통로를 확보를 하라는 대지 안의 공지 규정 등의 제약에 도심지의 땅 40% 이상이 방치된다. 도심지는 가용할 땅도 별로 없는데…. 틈은 조경공간으로 주차장으로 쓰이기도 하지만 방치되고 쓰레기가 놓이고 에어컨 실외기가 쌓이는 공간으로 남게 된다. 건물을 둘러싼 작은 폭의 땅은 버려져 틈이 처참하게 된다.

산에 의지한 연희동은 경사지가 많아 석축과 옹벽으로 생긴 틈도 많다. 집을 짓기 위해 땅을 평평하게 만들려면 옹벽이 생겨 산자락 사이엔 깊은 틈이 생긴다. 집이 커질수록 아파트로 재개발이 될수록 틈은 깊어진다. 부지런한 사람들은 이 틈을 경작지로, 화단으로, 발판을 걸어 잉여의 공간으로, 아랫집과 윗집을 묘하게 가르는 경계의 지혜로 쓴다. 틈을 활용하는 답은 그런 곳에 있다. 막을 것이 아니다. 장려할 일이다.

이 도로랑 아파트 도로랑 같이 쓰면 안 돼?
어차피 여기서 밖에 안 쓸 텐데. 참나.
아내의 상식적인 질문에 말문이 막힌다. 경의선 철길과 대우아파트 사이의 폭 5m 도로. 아파트 진입도로와 도로가 나란히 있지만 담으로

(상) 신연중학교 후문으로 올라가던 계단길. 후문이 막히자 길은 용처를 잃었다. 아깝다.
(하) 아파트 진입로와 철길 사이의 도로. 같이 쓰면 안 될까?

분리되어 있다. 길이는 무려 200m. 이렇게 땅을 버려야 하나? 종이에 찍찍 그은 도시계획의 허망한 선과 획지 구분은 국토의 곳곳에 이런 틈을 만든다. 동네 골목길에 작은 틈만 있어도 지독하게 쓰거나 가꾸는 사람들도 있는데…. 이런 도시의 틈은 '유기遺棄', 버렸다고 할 수밖에 없다.

이 골목은 수준이 다르네.
평지에 땅도 크고 대문에 CCTV가 달려있어.
동네에서 가장 큰 집들이 모인 골목은 희빈 장씨의 우물 근처다. 분명히 초대형 주택인데 교회 사택으로 분류되어 면세되는 집이 이곳에 있다. 공평한가? 법을 악용한 종교의 민낯이다. 그보다 더한 건 집 안쪽 골목을 막아 사유화했다. 연희로 11길이라고 적혀있는데 슬쩍 폐쇄했다. 골목을 돌아 나오는 폭 5m 길이 60m의 도로는 잡초 가득한 맹지가 되었다. 누구도 신경 쓰지 않는다. 어쩌다가 이렇게 되었을까. 공공도로인데. 골목 앞뒤의 집들도 불만이 없다. 사람이 접근하지 못하니 사생활이 보장되고 넓은 공터를 공짜로 확보한 셈이 되었다. 우리처럼 골목을 걷는 사람이 있는데 이건 아니잖아.

저 계단은 뭘까?
폭 8m가 넘는 계단 중앙에 녹슨 난간이 두툼하다. 길은 막혔다. 곁에 붙은 높은 옹벽엔 개나리가 주인공이다. 오래전 신연중학교의 후문 입구였다. 학교의 배치가 바뀌면서 후문은 담이 되어 이곳에 붙은 길은 용처를 잃었다. 아깝다.

(상) 산을 썰어서 생긴 아파트의 틈. 이런 방식의 개발과 계획 밖에 없을까?
(하좌) 집들 사이의 저 틈은 법의 취지처럼 유효할까? 방치된 틈은 슬프다.
(하우) 경사지가 많은 우리의 땅. 이런 틈이 생기지 않거나 잘 쓰이게 할 수는 없을까.

땅은 확실한 유한 자원이다. 산이 많은 우리에게 가용할 수 있는 땅은 더욱 제한된다. 도심일수록 더욱 그렇다. 땅은 용도와 필지로 구분된 선을 바탕으로 쓰임과 활용 범위가 정해진다. 국토에 정해진 땅의 용도는 28개. 연희동엔 16개 종류가 있다.

전·답·과수원·목장용지·임야·광천지·염전·대垈·공장용지·학교용지·
주차장·주유소용지·창고용지·도로·철도용지·제방堤防·하천·
구거溝渠·유지溜池·양어장·수도용지·공원·체육용지·유원지·
종교용지·사적지·묘지·잡종지

연희동의 땅은 3,012,806.1㎡91만 평이다.주민센터 일반개황 3.05㎢, 92만 평 이중 41%가 '대지'이고, 학교·종교·주유소용지가 12%, 도로·하천 18%, 산·공원 30%다. 집을 지을 수 있는 땅은 전체의 절반인 53%다. 땅특히 대지은 제대로 활용되고 있는가? 건물 사이, 건물과 도로 사이, 건물과 산 사이에 버려지는 곳이 너무 많다. 이런 방치된 곳을 보면 슬퍼진다. 왜 이리 틈이 많을까?

· 연희동의 평균 건폐율*은 22%다. 도로와 산 포함 11%
· 연희동의 평균 용적률**은 130%다. 도로와 산 포함 69%
 − 연희동 전체의 건축면적*과 연면적**을 건축 가능한 대지면적으로 나눈 값이다.

(좌) 연희로11길 중 누군가 막아버린 골목. 길을 열어 앞의 동구물어린이공원과 연결하면 좋은 장소가 될 것이다. (우) 옹벽 사이 틈의 활용. 규제보다 장려할 일이 아닐까.

학교와 관공서를 제외한 일반 대지의 평균 건폐율은 53%, 평균 용적률은 160%다. 김성홍 교수는 2017년 베니스비엔날레의 한국관 주제로 '용적률 게임'을 택했다. 파리시의 용적률은 250%이며 서울시는 160% 정도라고 밝혔다. 땅의 가용을 보여주는 선명한 지표다. 연희동도 서울 평균과 같다.

연희동에서 가용할 수 있는 땅이 53%인데, 22%에만 건물을 지어서 쓰고 있는 방법이 유용한 정책일까? 가용한 대지의 47%가 남겨지는 것이 최선일까? 단독주택처럼 집을 짓고 남은 땅을 마당으로 잘 쓴다면 문제가 없다. 땅도 숨을 쉬어야 하니까. 그러나 길거리에서 보이는 대부분은 집을 짓고 남은 땅이 주차장과 조경 그리고 쓰레기를 버리는 방치된 틈이 된다. 연희동에 있는 3,876동의 건물 중 절반이 그렇게 방치된 틈을 가지고 있다. 서울시 전체에 599,605동2020년 3월 기준의 건물이 있으니…. 이들의 틈은 얼마나 될까?

땅마다 방치된 틈이 생기고 관리되지 않아 버려지게 만든 주범은 건축 관계법이다. 건폐율, 대지 안의 공지, 일조권 사선제한, 민법상의 이격거리, 주차장 규정이 만든 제도의 결과다. 법의 취지처럼 유효한 가치를 유지하고 있을까? 불이 번지지 않도록 하거나 피난 통로 역할을 하거나…. 건물 사이를 애매하게 띄우는 것은 효과가 없다. 도시의 밀도가 급격히 높아지던 시절 목조건물이 많아 방화성능이 낮았던 시절엔 화재의 확산을 막는데 필요했다. 소이탄목표물을 불살라 없애는 데 쓰는 포탄, 폭탄의 피해를 막기 위해 서울 도심에 소개지疏開地까지 만들기도 했다. 그때부터 이어진 도시 차원의 방화구역 개념이 아직도 유효한가. 그리고 몇 해 전 생긴 '대지 안의 공지' 규정은 적절한가.

(상) 집과 집 사이의 틈. 좋은 정책과 해법일까?
(하좌) 옹벽 위 틈은 누군가에게는 텃밭이 된다.
(하우) 전봇대를 나무로 만든 마음. 식물이 자란 풍경이 궁금하다.

사람들은 담과 건물 사이의 통로로 피난하지 않는다. 도로로 뛰쳐 나가지. 그런데 그걸 강요하는 규정이 생겼다. 그곳은 건물 사이에서 으슥한 공간으로 버려진 공간이 될 뿐이다. 최근엔 지구온난화를 줄 인다며 새 건물을 지을 때 두꺼운 단열재를 붙이도록 했다. 그리고 집 마다 주차장을 많이 설치하라고 한다. 덕분에 도심의 건물 1층이 주 차장이 된 '필로티' 형식이 되었다. 차가 진입해야 하니 골목이 없어지 고, 필로티가 된 주차장에서 불이 나자 단열재를 많이 쓴 건물은 불쏘 시개가 되어 건물엔 재앙이 커졌다. 그러자 이젠 불에 타지 않는 단열 재를 쓰라는 규정이 덧붙는다. 규정들은 서로 충돌한 지 오래고 집은 점점 비싸진다. 건물을 하나인데…. 건물 사이의 틈은 그대로 둔 채. 도대체 무엇을 위한 누구를 위한 규정들일까.

방치된 틈, 이걸 줄이거나 잘 쓸 수는 없을까.
동네를 걸으며 내내 그 생각이 머리를 떠나지 않는다. 땅의 한계를 생 각하면 분명히 잘못된 방향이다. 골목이 이어지고 길이 연결되고, 건 물 사이 필지 사이의 틈을 잘 다루어져야 좋은 동네가 된다. 애매한 틈을 없애자. 아니 쓰자. 오래된 도시와 마을은 모두 맞벽건축이다. 집 과 집이 서로 붙어 있다. 오래된 우리의 마을도 모두 옆집과 이어진 좋 은 담을 가졌다. 틈으로 방치된 곳이 없었다.

맞지 않는 제도는 바꾸면 안 될까. 사람이 잘 쓸 수 있도록 도시가 아름다워질 수 있도록 하는 쉬운 방향이 필요하지 않나? 걸어 다니도 록 차도 좀 줄이고. 우리에게 맞지 않는 다른 나라 것을 참고하는 건 그만하자. 건물 사이의 틈을 없애자. 건폐율이 자유로워지도록 하자.

용적률로만 제한해도 충분하다. 땅을 대지의 경계까지 쓰도록 하고 건폐율이 자유로운 완전한 맞벽 건물을 적극적으로 도입하자. 제한된 땅, 방화, 피난, 내진, 지구온난화, 건물 짓는 비용을 생각하면 못할 이유가 없다. 무엇보다 도시와 길, 쓰는 사람을 위해. 틈이 방치되지 않도록 하면 안 될까?

그런데 우리 집엔 틈이 없나? 나부터 살피자.

숨은 틈

(좌) 경사지의 틈은 입체 접근로가 되었다. (우) 지도엔 없는 길 *연희동 1-63 빌라의 틈

앞서 걷던 아내가 사라졌다.
지도엔 없는 길이다.
'연희동 1-63' 빌라는 건물에 구멍을 뚫어 경사지 길을 이었다.
한참을 돌지 않아도 된다. 감사^^

아홉 번째
절기

망종 芒種

더워지기 시작하니
망종이다

빵 맛 천국

발등에 오줌 쌀 만큼 바쁘다는 때다.
모내고 보리 베고 씨 뿌리고.
벼나 보리처럼 까끄라기가 있는 곡물穀의 씨앗種을
뿌리는 날이라는 뜻이다.

곡물의 계절, 보리와 밀이 제철이니
그것에 맞는 걸 찾아 먹어야겠다.

동네엔 널린 빵집,
연희동은 빵 맛 천국이다.

도나르스 브레드의 치아바타. 종이봉투가 온기를 낸다. 쫄깃한 담백함. 걸으
며 먹는 맛이 별미다. 가겟세 때문에 서교동에 자리를 잡았다가 창천동으로,
다시 이곳에 둥지를 틀었다.

그 집 '감자깜빠뉴' 정말 맛있었는데.

내일이 마지막이래. 사러 갈까.

'그동안 쿠헨 브로트를 사랑해준 고객 여러분께 진심으로 감사드립니다.' 며칠 전 플래카드의 문구를 보고 놀랐다.

이사 가요?

아뇨. 문을 아예 닫아요.

아…. 동네 터줏대감 빵집. 1978년에 지은 하얀 타일 건물의 상점들이 하나씩 비더니 결국 오래된 빵집까지 문을 닫았다. 거점 하나가 사라진다. 슬프다. 사람이 아닌 동네 가게가 사라지는데 울컥했다. 동네 골목의 주택들이 하나둘씩 카페, 스튜디오, 고급미용실로 바뀌고 있다. 주택이 상점들에게 점령당하는 중이다. 급격하게.

오늘은 빵 길을 따라 걸었다.

곳간 – 도나르스 브레드 – 폴앤폴리나 – 에브리띵 베이글 – 독일빵집 – 쿠헨 브로트 – 오늘 – 피터팬 1978 – 포포브레드 – 알레스구떼

우리가 이용하는 빵집들은 연희맛로를 따라 쭈욱 이어져 있다. 큰길에 프랜차이즈인 파리바게뜨가 있지만, 아직 동네 빵 맛의 주인공은 아니다. 그래서 좋다. 대한민국은 동네마다 프랜차이즈 상점이 점령했다. 편의점, 빵집, 카페, 옷집, 슈퍼마켓, 음식점 그리고 아파트까지. 전국민의 의식주가 똑같아져 간다. 삶의 다양성이 줄어들고 동네의 특성이 실종되는 건 재미없고 심각한 일이다.

군 복무 시절 진해의 '백장미 빵집'이 생각난다. 4만 5천 명 해군

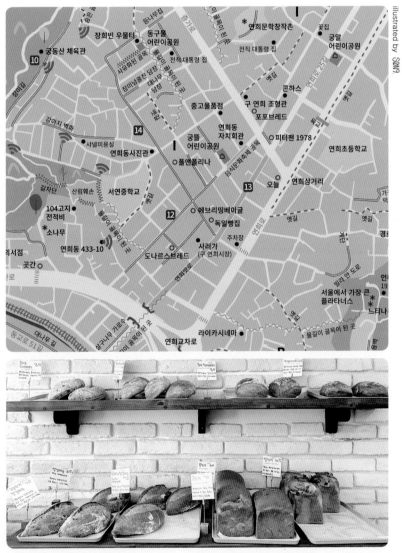

(상) 연희동, 빵집 천국. 연희맛로를 따라 쭈욱~ 이어진다. 덕분에 골라먹는 재미가 솔솔. 프랜차이즈가 아니라 더 좋다. (하) 포포브레드, 비건빵집. 정겨운 작명의 빵이 가득하다.

들이 외출 때 찾던 그 집. 대기업의 빵집이 침공하는 힘을 경화로의 모퉁이 그 집은 버텨냈다. 신병훈련소 군인들에게 간식으로 제공된 입맛이 비결이었다. 몇 해 전 다시 가보니 그곳도 사라졌다. 전국이 이렇게 똑같아져 가는 건 이상한 거 아닌가. 전 국민이 같은 모양의 아파트에 살고, 비슷한 옷을 입고, 같은 종류의 음식을 먹는 건 슬픈 게 아닌가. 그래서 그 동네에 가야만 볼 수 있는 집들에 더 감사해진다.

돌려가며 먹는 재미가 있어. 이 동네 빵 맛 천국~

『서대문구 스토리북』2016년, 『서대문구 문화산책』2017년은 연희동의 빵집 투어 코스를 다루고 있다. 연희동의 빵 맛이 공인된 느낌이다. 아침 식사로 빵을 먹은 지 오래되었다. 이곳에 와서 빈도가 늘었다. 다양한 빵 맛 덕에 돌아가면서 빵을 선택할 수 있으니 참 좋다. 빵집들은 묘하게 겹치지 않는 메뉴로 고유 영역을 지킨다. 그래서 오래 지속된다. 그런데도 책에 소개된 곳 중 두 곳이 사라졌다. 왜 연희동이 빵집 천국이 되었을까? 아파트가 밀집되지 않아서 상대적으로 소비되는 숫자가 적은데. 게다가 갓 구워낸 맛과 향이 생명인 빵은 유효기간이 짧다. 관광객보단 동네 사람을 주 고객으로 할 수밖에 없다. 그런데 왜 이렇게 맛있는 빵집이 많을까?

연희동엔 외국인들 많이 살잖아.
그렇구나.
그리고 까다로운 아주매들이 많이 살아.
아, 그렇구나.

논리를 생각하는데 명쾌한 아내의 답이 돌아왔다. '우문현답'. 살림하는 이의 안목이 훨씬 깊다. 여행을 다녔던 도시 중 이스탄불은 빵 천국이었다. 길거리 어디서 사도 정말 맛있다. 세계 최고 품질의 '밀' 공급 지역이 근처에 있기 때문이기도 하지만 누구라도 주식인 빵을 저렴하게 공급받을 수 있어야 한다는 정책 덕분이란 걸 뒤늦게 알았다.

곳간 Bread Factory

식빵 하나로 승부한다. 아기 볼 같은 푹신함이 식빵의 두툼함에 담겼다. 먹기 전에 눌러본다. 몰랑몰랑. 연희동에서 식빵은 이곳이 최고다. 누군가 불 꺼진 빵집에서 빵을 들고나온다. 늦은 시간과 일요일엔 무인 판매를 한다. 사람을 믿겠다는 뜻이다. 주인은 동네 장사를 하면서 꼭 해보고 싶었던 일이 무인 판매라고 했다. 선물할 만한 식빵, 건네받은 이마다 눈이 동그래진다.

도나르스 브레드 Donar's bread

가겟세貰 때문에 이사를 왔으니 연희동 사람들이 혜택을 보는 셈이다. 서교동에 자리를 잡았다가 창천동으로, 다시 이곳에 둥지를 틀었다. 두 배씩 오르는 임차료를 감당하기 어려웠다고. 사과잼과 치즈 식빵의 궁합이 좋다. 호밀 식빵과 하몽도. 휴일 아침 위층인 제니스 카페 Jenny's cafe엔 아래층에서 올라온 빵으로 브런치를 즐기는 사람이 많다. '사과와 로즈마리' 잼, 덩어리가 씹히는 식감이 좋다. 알갱이가 로즈마리 잎을 머금는 독특함이 묘하다. 치아바타 덩이는 종이봉투에서 온기를 낸다. 쫄깃한 담백함. 걸으며 먹는 맛이 별미다.

폴앤폴리나 Paul and Paulina

몇 년 전 홍대에서 연희동으로 옮겨왔다. 하얀 바게트 맛을 아내가 즐긴다. 초딩 입맛인 내겐 익숙하지 않은 맛이다. 내 핸드폰엔 빵보다 하얀 그 집을 찍은 사진이 많다. 일요일 휴무. 연희동 빵집의 절반은 일요일에 문을 닫는다.

에브리띵 베이글 Everything Bagel

도대체 베이글은 무슨 맛으로 먹어⋯. 어라! 이거 맛 괜찮네. 야! 내가 먹는 거 넘보지 마. 나도 점점 그 맛에 빠져들고 있다. 게다가 캐나다인이 주인인 롱보트 스모커가 제공하는 최고의 훈제 연어가 그 속에 들어갔으니. 대기 줄이 점점 길어지고 있다.

포포브레드 For Four Bread

엄격한 채식주의 비건 빵집. 버터, 우유, 계란, GMO, 설탕을 쓰지 않고 빵을 만든다. 마니아들이 많고 오전에 빵을 구워 정오에 연다. 거친 맛이 일품인 곳이다. 특히 무화과 쌀 깜빠뉴. 밤식이, 곡식이, 포식이는 우리의 주식이 되었다. 이름 참 정겹다.

독일빵집

50년 넘게 운영 중인 동네 빵집, 이름만큼 정말 단출하다. 반세기 동안 이 동네에 버티고 있는 이유는 맛이다. 미니도너츠, 호두파이, 팥도너츠가 우리의 주메뉴다. 쫌 달달한 거.

피터팬 1978, 빵 맛도 좋지만 길에 늘 기분 좋은 꽃을 가꾸는 정성이 더 좋다.

쿠헨 브로트 Kuchen Brot, 2020년 폐업

동네 생활빵집. 호텔식빵, 누룽지빵, 감자깜빠뉴, 앙버터…. '사러가'에 들르면 이곳을 지나칠 수 없다. 천연효모로 장시간 저온 숙성시켜 만든다. 미묘한 차이는 그런 정성에서 나온다.

2020년 5월 31일. 마지막 영업 날. 평소와 다름없는 일상, 사람들이 바글거렸다. 주민들의 아쉬움이 느껴진다. 그럴 것이다. 산 빵을 굳이 매장에서 먹었다. 앙버터 빵, 까만 팥을 버터와 바게트가 감싼 묘함이 촌놈 입에 맞다. 이제 못 먹는다는 생각이 들자 집착이 생긴다. 급히 먹다 입천장에 생채기가 났다. '그동안 감사했어요.'

오늘

유기농 저염 빵, 계란을 쓰지 않고 만든 빵 전문점. 연희삼거리 건널목에 서면 신호등보다 초록색 이 집이 시선을 채운다. 성당을 오가는 길에 늘 만나지만 일요일 꼭 문을 닫는다.

피터팬 1978 Peterpan 1978

아기궁댕이빵, 장발장이훔친빵…. 작명이 맛과 식감을 상상하게 만든다. 바게트의 맛에 자주 찾는다. 아내는 팥빵을 같이 담는다. 빵집 앞은 계절 따라 늘 화초가 가득하다. 빵보다 꽃이 먼저 반기는 집이다.

알레스구떼 Alles Gute

서대문 스토리북에 소개된 이곳은 리치몬드 연희점이었다. 그 집은 문을 닫았지만, 빵집은 그대로다. 화교학교 구역을 담당하는 빵집. '모든

(상) 곳간. 식빵 하나로 승부한다. 연희동에서 식빵은 이곳이 최고다.
(하) 다양한 빵 덕분에 연희동에 온 뒤로 아침에 빵을 먹는 빈도가 많아졌다.

것이 좋다'는 독일어라는데 모든 빵 맛도 그런가. 우린 마늘 바게트를 골랐다.

캐나다의 몬트리올 베이글Bagel, 프랑스의 바게트Baguette, 조지아의 카차푸리Khachapuri, 홍콩의 페이 바오Pai Bao, 아일랜드의 소다 브레드 Soda bread, 이탈리아의 치아바타 Ciabatta, 멕시코의 토르티야Tortilla, 터키의 시미트Simit, 미국의 비스킷Biscuit, 한국엔 계란빵. 계란빵이라고?

CNN이 선정한 세계 최고의 빵이란다. 절반은 그 지역을 넘어 연희동까지 왔다. 밀이 보편화되어 세계의 입맛을 점령한 듯. 그러나 나는 누군가의 손맛이, 어떻게라는 만드는 과정이, 제철 곡물이라는 싱싱함이, 따끈한 온도라는 타이밍이 그리고 눈인사를 건네는 동네의 교감이 맛을 만든다고 믿는다. 미각의 절반은 기억이라고 했다. 그래서 동네빵집이 맛있는 게 아닐까.

자기야 밥 줄까, 빵 줄까.
그래도 아직은 밥이지.

열 번째
절기

하지 夏至

낮이
가장 길다

동네 맛

낮시간 14시간 35분. 결국, 덥다는 말이다.
여름의 절정이란 뜻이지만 중국 기준이라
삼복처럼 더운 것은 아니다. 그러나 이제 햇살과 친해져야 한다.
비가 오지 않으면 기우제 대신 수돗물을 콸콸 틀어
마당에 물을 줘야 한다. 햇감자와 마늘의 수확 시기이기도 하다.
조상들은 감자전. 감자 송편을 먹으라지만 더워진 이때
우리에겐 적당한 게 따로 있다.

드럽게 더운데, 모히또 한 잔 어때?
'사러가'에서 파는 비싼 민트 필요 없어.
바로 뜯어서 먹어야 향이 좋아.
집에서 만드는 음식 중 유일하게 내가 잘하는 게
모히또Mojito 칵테일이다. 덕분에 여름엔 목에 힘이 들어간다.
라임즙을 짜고 민트잎 몇 개를 넣어 으깬다.
아카시아 벌꿀을 넉넉히 넣고 잘 저어서 숙성시키면
모히또의 밑간이 준비된다.
단단한 얼음을 채우고 탄산수를 더해
마지막에 '럼Rum'을 넣는다.
좋은 럼이라야 모히또의 제맛이 난다.
그리고 재료의 적당한 비율. 헤밍웨이가 먹던
쿠바 '라 보데기타 델 메디오 La Bodeguita Del Medio'의 모히또 그 맛.
시식의 경험으로 그 맛을 따라 낸다.
시원함과 적당한 얼콰함.
과음이 불가한 내 몸은 여름 내내 이 한 잔을 기다린다.
지금이 그때다.

하지. 긴 낮 더위엔 조상들이 권한 햇감자보다 우리에겐 모히또의 시원함이
제격이다. 헤밍웨이가 먹던 쿠바 'La Bodeguita Del Medio'의 맛을 복기하
며 겨우겨우 만들었다.

이사 온 날은 뭐니 뭐니 해도 짜장면이지.

아들아~ 잘하는 집 찾아서 시켜봐. 이 동네 맛집 많데.

중국집인데 짜장면 배달을 안 해요?

10번의 음식배달 퇴짜를 맞고서야 짜장면과 탕수육을 먹을 수 있었다. 점심시간이 훌쩍 지났고 배달된 곳은 연희동이 아니다.

우리를 뭘로 보고 배달시키냐는 분위기인데요.

연희동의 중국음식점들은 번호표를 뽑아 줄 서서 먹는 요릿집이다. 이사 오던 날 맛본 좌절의 기억. 동네를 떠올리게 하는 맛이 있을까. 맛 칼럼니스트 황교익은 서울의 대표 음식 스토리로 반상, 설렁탕, 냉면, 김밥을 꼽았다. 그러나 연희동은 이 주제에서 조금 벗어난다.

이주민의 도시 서울, 나아가 연희동은 외국인이 많은 동네다. 서울 인구의 2.5%가 외국인인데 연희동은 7.6%다. 3,100명남 1,293·여 1,807·2019년 기준이 산다. 오래전 세워진 서울외국인학교1912년, 한성화교학교1948년 덕분이다. 서울외국인학교는 100년 전 연희전문학교 시절부터 이곳에 터를 닦았고, 한성화교학교는 대만과 홍콩 출신의 중국인들이 중심으로 명동에 있던 학교가 이곳으로 이전했다. 외국인이 많은 혼성의 동네일수록 다양함이 녹아있는 것은 당연하다. 특히 맛에. 그래서 연희동은 '쌀'보다 '밀'이 동네의 맛을 지배하고 있는 건 아닐까. 중국집·빵·면 같은.

목란 - 이화원 - 오향만두 - 라이라이 - 진보 - 왕왕 - 걸리부 - 연경 - 풍미, 연희동의 남쪽 끝의 만두집 '편의방', 그리고 연남동으로 이어지는 '락락', '상해', '리우'까지의 수많은 중국음식점.

(상좌) 연희맛로(Yeonhuimat-ro, 도로코드 3112009). 길이 515m 길을 중심으로 맛 집이 모여 있다. 오죽하면 길에 이름을 붙였을까. 2010년 전국의 도로 167,410곳에 새 이름이 붙었다. 맛이 도로 이름의 지위를 부여받은 곳은 '연희맛로'가 유일하다. (상우) 1970년 2월 완공된 연희시장이 '사러가'로 이어졌다. '사러가' 쇼핑센터. 건폐율이 100%인 집이다. (하) 시장이던 곳의 중정은 지붕이 덮여 지금까지 이어지고 있다. 땅값 500억 원이 넘는 곳에 지속되고 있는 단층 건물이다.

곳간 - 도나르스 브레드 - 폴앤폴리나 - 에브리띵 베이글 - 독일 빵집 - 쿠헨 브로트 - 오늘 - 피터팬 1978 - 포포브레드 - 알레스구떼 같은 동네의 빵집들, '연희칼국수', '연희수제비', '청송본관'과 '평택고여사'의 면 요리 음식점까지…. 그리고 '연희김밥'.

515m 길을 중심으로 바글바글 모였다. '연희맛로'. 오죽하면 길이름에 '맛'이란 이름을 붙였을까.

'연희맛로Yeonhuimat-ro, 도로 코드 3112009 – 연희맛 거리 명칭 인용'. 이 길에 도로명을 붙인 공식 설명이다. 2010년 전국의 도로 167,410곳에 새이름이 붙었다. 그중 맛이 도로 이름의 지위를 부여받은 곳은 연희맛로가 유일하다. 함양 대맛길옛 지명, 예천 만맛길자연부락명칭, 남원 붕맛길고유지명이 있지만 '맛'과는 무관하다.

곱창골목, 곱창거리, 떡볶이골목, 함흥냉면거리, 주꾸미골목, 보쌈골목, 갈치조림골목, 생선구이골목, 대구탕골목, 닭갈비골목, 꼼장어골목…. 음식 메뉴를 내세운 '골목'과 '거리'는 많다. 그러나 그건 지도위의 도로가 아니라 자치구의 홍보와 동네의 입구에 붙인 애칭이나 별칭이다.

연희맛로가 그 이름을 얻은 그때는 누군가 전국의 길이름을 몽땅 바꾼 때다. 고향 산청에도 딱 하나밖에 없는 길인데 이름을 굳이 바꿨다. 바둑판 같은 도로인 뉴욕과 유럽 도시에 적용된 방식이 선진 우편 시스템이라 우겨댔다. 사업이 진행되는 도중 스마트폰이 생겨서 그 명분도 사라졌지만 한 번 시작된 행정시스템과 누군가의 이득이 겹쳐 그걸 멈추지 않았다. 전 세계에서 택배가 가장 발달한 우리나라에서 배달꾼들이 길을 못 찾는 것이 진정 심각한 걱정이었을까. 이젠 길이름을 듣고 동네가 어딘지 인식하는 것은 불가능해졌다.

> 서울14,463 · 부산8,411 · 대구4,090 · 인천6,336 · 광주3,563 · 대전3,368
> 울산3,722 · 세종1,166 · 경기26,705 · 강원8,514 · 충북10,964 · 충남12,850
> 전북11,786 · 전남13,529 · 경북17,047 · 경남16,935 · 제주3,961

16만 개나 되는 길이름을 짓느라 땅에 담긴 역사의 흔적을 지우느라 얼마나 고생하셨을까. 신주소는 21세기에 벌어진 길의 창씨개명이다.

연희맛로의 중심에 '사러가'가 있다. 대형마트 사러가는 동네에선 고유명사다. (주)사러가연희슈퍼마켓이 공식 명칭이지만 그냥 사러가로 부른다. 동네 먹거리를 책임지는 기지다. 사실은 시장이다. '연희시장'이 '사러가'가 되었다.

대형 유통브랜드가 전국을 점령한 요즘, 오래된 시장 브랜드가 연희동 중심에 살아 있다. 우리 이름이라 더 반갑고 정감이 간다. 그러나 물건의 종류와 가격은 결코 서민적이진 않다. 우리는 이곳에서 애플민트와 라임을 산다. 칵테일 모히토를 만드는 재료들이다. 제대로 된 모히토 맛을 내기 위해선 레몬이 아닌 라임이 필요하다. 멕시코에서 온 초록색 라임. 이사 온 첫해 이걸 사러 다녔다. 월드컵경기장에 있는 홈플러스엔 없다. 마포농수산물시장의 청과물 코너를 다 뒤져서 겨우 발견했다. 그 후 혹시 사러가엔 있지 않을까라는 생각으로 들렀다. 민트 종류만 4가지, 라임도 물론 있다. 이곳은 다품종 소량 중심이다. 그런데 좀 비싸다. 며칠간 발품 판 것을 생각하면 우리도 이 편리함을 택하지 않을 수 없다.

'사러가'는 어떻게 건폐율 100%인 건물이 되었지?

연희동 131-1번지. 땅 1,041평에 건물 1,125평. 1970년 2월 3일 완공. 그런데 사러가의 간판엔 'Since 1965'라고 새겨 있다. (주)사러가는 1965년 설립되었다. 신길동의 신풍시장을 모태로 한 기업가는 1974년 연희시장을 인수해 연희점을 열었고, 1980년 이름을 '사러가'로 바꿨다. 모태였던 신길동 사러가는 2019년 주상복합을 짓는다며 사라졌다. 사러가는 대형할인점과 시장임대업이란 업종으로 직원 55명에 매출 200억 원을 넘기는 기업이란 안내가 뜬다.

사러가 자리의 1972년도 서울시 항공사진엔 블록 전체를 채운 건물이 보인다. 건물 가운데 긴 구멍 두 개가 있다. 왈ㅂ자처럼 통로를 중심으로 가게가 둘러쳐진 시장 건물구조, '연희시장'이다. 이듬해 중정은 지붕이 덮였고 이후 지금까지 모습은 그대로 유지되고 있다. 하늘에서 보면 지붕의 형태는 여전히 선명하다. 건폐율 100%의 궁금증은 풀렸다. 시장이 지어지던 1970년대 초 연희시장의 남쪽은 온통 테니스장이었고 주변에 큰 집 몇 채와 홍제천 궁동산엔 작은 집들이 가득했다. 동네의 먹거리를 책임진 시장이 이곳이었다. 사러가 옆 골목의 생활편의시설도 그 흔적이다.

과일, 채소, 축산, 수산, 주식품, 말린 신선식품, 낙농식 양념, 소스, 반찬, 냉장 간편 식품, 음료, 차, 간식, 생활용품. 전 세계의 종류별 물, 수입 과자와 다양한 치즈…. 사러가는 오래전부터 주변에 많았던 외국인

사러가. 동네 고유의 먹거리를 책임지는 오래된 브랜드가 대기업에 점령되지 않고 살아있어 좋다. 외국인의 인구 비율이 7%가 넘는 동네에 필요한 맞춤 전략은 다품종 소량이다. 그런데 조금 비싸다.

들의 필요와 동네 사람들의 기호를 놓치지 않았다. 동네의 특수 입맛을 책임진 셈이다. 이젠 다국적 입맛의 젊은 층이 이곳을 찾는다. 2000년 대 후반부턴 뒤편 땅을 매입해서 주차장을 확보했다. 토지 개발을 검토해주는 '랜드북www.landbook.net'에서 추정하는 이곳의 땅값은 500억 원이 넘는다. 개발계획을 세운 적이 있지만 원래 모습을 유지하며 고쳤다고 한다. 그러나 다시 지으면 건폐율 100% 건물은 불가능하다.

연희맛로가 있는 동네에 살면서 먹는 음식 종류도 늘어간다. 냉면, 단팥죽, 우동…. 유명하다고 내 입에 맞는 건 아니다. 배달을 거부했던 중국음식점의 맛은 아직 절반도 시식하지 못했다.

집밥만 하겠어…?! 그리고 너무 비싸. 우린 '한살림' 매장에서 사자. 연희맛로의 주말은 주차 전쟁터다.

열한 번째
절기

소서 小暑

장마

작은 집 큰 집

제주도에서 시작된 비구름이 남해안을 거쳐
서울에는 저녁에 비를 몰고 올 것입니다.
최고 300㎜ 물 폭탄이 예상됩니다.

일기예보는 오던 더위에 제동을 건다. 습도 높은 장마철.
소서小暑다. 장마철을 조상들은 그렇게 불렀다.
본격적인 더위 이전에 비가 많은 시기.
더위暑에 작다小를 붙여 뜻을 비틀었다.
작은 더위가 장마를 뜻할 줄이야. 절기와 이름은 참 잘 맞다.
조상님들의 작명 실력이 기발하다.

보리밥을 상추쌈에 싸 먹어라.
민어가 제철이다. 챙겨 먹어라.
참외와 복분자도 맛이 제대로 든다.
행복한 고민에 즐겁다.

잡초 좀 뽑아!
예초기를 매고 마당의 잔디 잎을 날렸다.
휴가 나온 군인 아들의 머리카락 같다.
소서엔 잡초를 제거하라는 조상님의 말을 실천하며
흘린 땀의 대가로 깎은 참외가 입에 들어왔다.

언더우드가기념관 앞. 연희동에서 가장 오래 된 집이다. 촉촉한 날, 싱싱함 덕
에 각자 적당한 자리를 찾았다. 눈 맛, 바람 맛이 좋은 곳이다.

난 이 집 마음에 안 들어.

왜?

생뚱 맞아. 유명하면 뭐해. 지만 잘 난 초롬 만들어서 동네 분위기랑 안 맞게. 저기 쪼그만 집이 더 좋아.

일반인의 시선이 건축가의 말문을 막았다. 맞다. 건축전문지에서 실렸던 하얀 광채를 뽐내던 건물의 외관은 5년도 안 돼 터지고 벗겨졌다. 시간과 기후를 버틸 준비가 안 된 건물은 가치를 유지하기 어렵다. 비가 많은 시기엔 더욱 그렇다.

연희동에서 제일 작은 집은 어디 있어? 가장 큰 집은 얼만 해?

연희동의 모든 건축물대장 자료를 확보했으니 간단히 답할 수 있을 거라고 생각했다. 땅은 10평33㎡이 가장 작고, 집은 0.3평0.99㎡이 있다. 여기에 살 수 있을까 하는 의문과 함께 대지면적이 '0'이라고 표시된 곳이 500개가 넘는다. 우리 집도 '0'이다. 아…. 정부의 공식 정보지만 발로 확인이 필요하다.

연희동엔 3,876채2020년 3월 기준의 건물이 있다. 건축물대장엔 4,323채가 존재하지만 450채는 재개발, 도로확장, 하천보수 등으로 사라졌는데 정리되지 않았다. 단독주택은 약 2,600채로 등재되어 있으나 1,720채가 실제 남아있는 주택이다. 항공지도, 스마트서울맵, 지적도, 건축물대장, 랜드북, 토지이용규제정보, 등기부등본토지+건물 등의 서류만으로는 확신이 어렵다. 서로 일치하지 않는 정보가 많다. 여러 건물이 한 필지에 있기도 하고, 한 건물이 여러 필지에 걸쳐 있는 경우도 있다. 신축된 땅에 멸실된 건물의 서류가 아직 정리되지 않은 경우도 많

1972년 연희동 항공사진. 작은 집과 큰 집들. 궁동산 북쪽의 홍제천과 연희인터체인지 남북 쪽의 오래된
거주지의 작은 집들. 연희맛로 중심으로 평지에 조성된 큰 필지의 대비가 극명하다.

다. 정부는 어떤 자료를 근거로 정책을 세우고 판단할까 하는 생각이 들었다.

　아내의 단순한 질문에 답하기 어려워졌다. 목록을 축약해서 직접 확인해야 한다. 날도 덥고, 비도 오는데⋯⋯.

지난번에 거기가 가장 작은 집이라며?
미안. 새로운 곳이 또 나왔어.
그렇게 여기저기를 헤맨다.

여기 숨어있어서 잘 안 보였구나.
집이 5평도 안 돼.
집 4.8평15.87㎡과 땅 10평33㎡. 연희동 345-3번지, 연희동에서 가장 작은 집이다. 집에 붙은 골목은 옆집이 점령했다. 외벽과 지붕을 고쳤지만 원형이 남아있다. 집의 내부가 궁금하다. 땅은 이곳보다 더 작은 곳이 있다. 집이 있는 땅 9.1평30㎡, 연희동 179-147번지. 연희동에서 가장 작은 독립 필지다. 이곳에 지어진 집은 7.4평24.35㎡은 2층 건물로 작지 않은 느낌이다.

작은 집과 땅을 찾아 모았다.

· 연희동 665번지_ 집 4.9평17.2㎡, 땅 14.2평47㎡
　이 집의 부속 건물 화장실0.3평, 0.99㎡이 연희동에서 가장 작은 건물이다.
· 연희동 446-120번지_ 집 5.9평19.6㎡, 땅 13평43㎡

연희동의 작은 집들, 5~10평. 작은 땅은 건폐율 제한 없이 집을 짓게 하면 안될까.

· 연희동 179-84번지_ 집 8평27㎡, 땅 14.5평48㎡
· 연희동 179-58번지_ 집 10.8평35.6㎡, 땅 10평33㎡.
  땅보다 집이 크다. 땅을 100% 쓰면 10평도 적당한 집이 된다. 이 집이 그걸 보여
  준다.
· 연희동 446-125번지_ 땅 10.3평34㎡
  이 땅에 세워진 건물은 3층으로 늠름하다. 1층에는 상점이 있다.
  폭 2.8m, 길이 5m. 건폐율50% 제한으로 한 층은 5평 남짓이다.

그런데 왜 땅을 다 못 쓰게 해?
그런 제약이 있어.
아내의 질문에 답이 궁색하다. 건폐율 100%는 고민해야 할 문제다.
작은 땅일수록 더. 연희동에 작은 집, 작은 땅이 생각보다 많다. 100
평이 넘는 넓은 땅에 큰 주택만 가득하다는 일반적인 인식과 다르다.
10평이 안되는 집이 48채, 20평 이하의 집은 220채가 넘는다. 작은집
이 연희동 단독주택의 13%에 달한다. 대부분 1980년 이전에 지어졌
다. 가족 구성원은 줄어들었는데 집은 점점 커졌다. 방과 화장실이 개
별화된 이유도 있지만, 수세식과 가구 때문이다. 어느 정도가 최소의
집일까?
   건축물대장엔 1967년에 지은 2.5평10.7㎡ 단독주택의 흔적과 3평
9.92㎡ 점포 40채의 기록도 남아있다. 2평 반, 주차장 한 칸보다 작다.
홍제천변에 가득했던 이런 집들은 정비 작업으로 사라졌고, 그 자리
엔 정자亭子가 섰다. 정자는 원래 집과 비슷한 크기다. 집의 크기는 어
느 정도가 적당한 것일까. 복잡한 생각이 겹친다.

(상) 르 코르뷔지에의 오두막 카바농(5평, 16.7㎡, 1951년), 가구와 건축의 구분이 없이 하나다. 엄청난 자연이 주변에 있으니 굳이 커야 할 이유가 없다.
(하) 1960~70년대 큰 집들은 거주의 용처를 잃고 변화 중이다.

· 도산서당은 3칸 10평이다.
· 소쇄원의 광풍각은 8.3평온돌은 1.6평이다.
· 건축가 르 코르뷔지에의 오두막 '카바농Cabanon'은 5평16.7㎡이다.
· 헨리 데이빗 소로우의 왈든 캐빈Walden Cabin은 4.2평10×15ft이다.
· 건축가 나카무라 요시후미中村好文는 숲에 14평의 '렘헛Lemm Hut'을 지었다.
· 간삼건축은 6평19.8㎡짜리 오두막ODM을 공장제작으로 양산해서 판다.

건축가나 유자儒者들의 집은 모두 넓은 자연 속에 있어 집이 작아도 결코 작은 느낌이 들지 않는다. 치밀하게 필요한 것을 갖추었고, 가구와 건축을 구분하지 않았다. 오두막에 대한 로망과 일상의 삶을 영위하는 공간은 근본적으로 다르지만 치밀하게 만든 작은 집, 작은 땅의 100%를 활용하는 것은 고민해야 한다. 건축법엔 주거지역의 땅을 60㎡ 이하로 분할하지 못하게 규정하고 있다. '무분별한 토지 분할로 인한 국토의 난개발을 막고, 토지 분할을 수단으로 한 부동산 투기를 방지하려는 것입니다.'라는 해설이 달렸다. 동네에 남아있는 작은 땅, 작은 집들을 보며 정말 그런 것인가 그리고 지금도 유효한 이유일까 하는 의문이 깊게 든다.

저기도 반려견 사진 스튜디오로 바뀌었네.
쟤네들 노는 집이 사람 사는 곳보다 좋아.
동물들에게 자리를 내주고 있는 큰 집들. 50년 전에 지은 80~100평의 대형 주택들은 집의 위용은 그대로이지만 용처를 잃은 곳이 많다. 쓰임이 바뀌는 큰집의 변화가 씁쓸하다. 연희동의 단독주택 중 가장

신축 건물 연면적

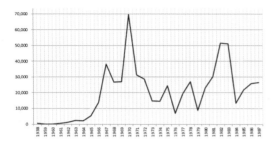

신축 건물 수

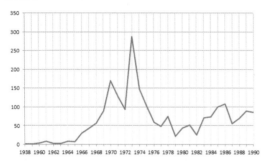

(상) 연희동의 신축 건물 변화, 1969년에서 1975년 사이에 준공된 건물이 1,000채가 넘는다. 연희지구 토지구획정리사업의 결과다.
(하) 작은 집·큰 집이 올망졸망한 연희동 풍경, 연희동의 단독주택 중 가장 큰 집은 208평, 가장 작은 집은 4.8평이다. 가장 넓은 단독주택의 땅은 267평이고, 가장 작은 땅은 9.1평이다. 집은 40배, 땅은 30배 차이가 난다. 그런 차이가 공존하는 동네다.

큰 집은 208평688㎡이고, 가장 작은 집은 4.816㎡평이다. 단독주택이 있는 땅 중에서 가장 큰 곳은 267평882㎡이고, 가장 작은 땅은 9.1평30㎡이다. 집의 크기는 40배, 땅은 30배 차이가 난다. 그런 차이가 동네에 공존한다. 그러나 거주환경으로 가장 호젓한 곳은 '연희문학창작촌'이다. 1960년대 중반부터 조성된 2,100평이 넘는 땅에 주택 4채가 있다. 땅은 넓고 숲은 깊어 반딧불이도 산다.

서울 광진구 자양동의 5.1평17㎡ 땅엔 한 층의 넓이가 2.2평인 집이 생겼다. 서울에서 가장 작은 땅에 들어선 집이 아닐까. 하물며 3층이다. 크기는 작아도 주변의 풍경에 어긋나지 않게, 건축의 기본기가 잘 갖춰진 집이 더 중요한 건 아닐까.

열두 번째
절기

대서 大暑

더위가 가장 심한 때

집 집 집

덥다. 대서의 불볕더위에 염소 뿔이 녹아난다는 말을 한 걸 보면
조상님들은 뻥이 쎈 것 같다.
몸보신이 필요해서 엄살을 부린 것 아닐까.
삼복三伏이란 개념까지 만들어
절기 사이에 절묘하게 끼워 두셨다.
보양식을 먹는 '복달임'을 자주 하기 위해선 명분도 중요하다.
뭐라도 자주 먹으려면. 나도 좋아하는데.
삼계탕, 보신탕, 염소탕….

나는 그런 건 모르겠고 한치회나 먹으러 갈래. 제철이야.
설마 거기?

제주도 이호해수욕장 근처의 식당.
베란다에서 녀석을 초장에 찍어 오물거리며 복달임을 대신한다.

바다 전망이 좋은 데는 저런 난간 좀 없으면 안 돼?
그러게.

(상) 연희동엔 1969년에서 1975년 사이에 집들이 집중적으로 지어졌다. 1,000채가 넘는다.
(하) 연희동의 길 500개를 걸었다. 41번. 406,000보. 303km.

지금까지 303km 걸었어.

별로 안 되네.

천안이 100km, 산청까지가 300km야.

그건 엄청 많아 보이네.

연희동의 길 500개를 다 걸었다. 41번. 406,000보. 2020년 5월 초다. 동네 골목을 누빈 거리가 서울에서 고향 산청까지의 거리와 같다. 동네의 실핏줄이 얼마나 촘촘한가. 나무의 분을 뜰 때 큰 뿌리보다 잔뿌리를 더 중요하게 여기듯 큰길보다 촘촘한 골목이 많은 것이 건강한 동네다. 큰 아파트 단지보다 작은 집들이 많은 곳이 더 풍성한 동네다. 누구나 안다. 그런데 왜 반대로 할까.

편하게 쓰도록 기본이 잘 돼야 좋은 집 아닌가.

아내의 기준은 명료하다. 동네 산보를 하며 유명 건축가들이 설계한 집을 자주 지난다. 처음엔 혹해서 보다가 몇 번 지나면 느낌이 달라진다. 볼수록 편한 집이 있는 반면, 한두 번 만에 감흥이 사라지거나 편치 않은 집이 많다. 유명한 건축가가 설계했다고 모두 좋은 집이 되는 건 아니다. 동네를 다니며 그걸 지독히 느끼고 깨닫는다. 특히 주택은 일반인의 시선이 핵심에 더 가깝다. 그걸 깨닫고 놓치지 않는 것, 동네를 걸으면서 그런 건축 훈련을 하고 있다는 생각이 든다. 십 수 년간 수요답사를 지속해온 건축가 조정구의 행보가 생각났다. 그가 설계한 집의 풍성함은 그냥 생긴 것이 아니다. 난 언제?

1938년 지어진 11평 집. 연희동 339-29 주택은 건축물 대장으로는 연희동
에서 가장 오래 되었다.(2021년 9월 철거)

미친 더위가 가더니 가을비가 자주 옵니다. 타다닥 타다닥.

긴 처마는 베란다에 앉은 나에게 증폭된 빗소리를 들려줍니다. 한 방울 한 방울 떨어져 모인 빗물이 흐르는 바닥은 검은빛으로 황홀합니다. 파동이 파동을 덮어 만드는 빗방울 그림을 들여다보고 있으면 머리가 맑아집니다. 누군가 만든 건축의 풍경 덕분입니다. 곧게 뻗은 하얀 처마, 그 끝에 빗방울이 달렸습니다. 방울들은 처마 끝 작은 홈에 닿자 아래로 떨어져 퍼집니다. 3㎝ 돌출된 면에 5㎜의 홈을 만든 솜씨가 예사롭지 않습니다. 그것을 만드는 번거로움이 컸을 것입니다. 40년 전 주택을 짓는 설계도면이 그렇게 자세하지 않았을 것입니다. 시멘트 마감의 옥상 바닥은 세찬 폭우에도 빗물이 고임 없이 제 길을 갑니다. 비 오는 날이면 맑은 날 품었던 불만이 사라집니다. 바닥이 약간 삐딱하다는 불평 대신 물매를 정성스레 잡은 그분께 감사한 마음이 듭니다. 기본을 잘 지킨 집에서 느끼는 행복입니다. 건축가도 시공자도 알 수 없지만 이런 마음으로 집을 지은 이는 분명 건축명장입니다. 이런 분이 많았으면 좋겠습니다.

몇 년 전 중소우수시공사인 '건축명장'을 선정하며 썼던 글이다.

박철수 교수는 "1970년대의 주택 양식은 '불란서식 미니 2층'으로 자리 잡는다. 프랑스에도 없는 '불란서식'이라는 형용어가 집 앞에 붙은 까닭은 세련미와 더불어 이국적이고 고급스러운 그 무엇을 지시하기 위함이었다. … 1971년 4월 무주택자 100명을 대상으로 주택 취향을 조사한 결과 양옥의 다른 이름이라 할 수 있는 '문화식 주택'을 원하는 경우가 91%를 차지하고 … 거칠게 설명하자면 일제강점기에 조선에 소개된 이른바 '문화주택'이 1950~60년대를 거치며 '문화식 주택'으로, 다시 1970년대에 '양옥'으로 변모했다고 볼 수 있다." 라

연희동 상가건물(근린생활시설) 중 가장 오래된 집, '연희동 431-3'. 1961년
에 지어진 건물로 외관은 모두 바뀌었고, 골격과 뒷면에 옛 흔적이 남아있다.

고 했다.

연희동이 그런 곳이다. TV 드라마 '응답하라 1988'의 배경이 된 집들. 1971년생 우리 집도 그런 집중 하나다. 골목을 걷다 보면 우리 집과 닮은 집을 자주 만난다. 사람들은 이런 집을 '집장사 집'이라 폄하해서 부른다. 소위 '불란서식 주택'이라 부르는 이 양옥 주택은 1970~80년대 집중적으로 지어졌다. 통계를 보면 연희동에 1969년에서 1975년 사이에 준공된 건물이 1,000채가 넘는다. 다가구주택이란 주택 유형은 1975년부터 시작되었고, 아파트는 1981년 이후가 되어서야 집중된다. 2020년 연희동엔 지은 지 50년 이상 된 주택이 256채, 40년 이상이 1,560채다. 전체의 40%가 넘는다. 2020년 연희동의 건물은 3,876채다. 1967년 연희지구 토지구획정리사업으로 시작된 동네 개발은 1980년대 초까지 이어졌다. 이때 조성된 분위기가 지금까지 이어지고 있다. 주택들은 수요자의 필요 때문에 하나씩 지어진 것이 아니라, 누군가 여러 채를 지어 공급한 것이다. 비슷한 도면을 사용해서 재료와 시공팀을 조달해서 만들었다. 형식과 구조는 같지만 디테일이 조금씩 다른 집. 그런데 이상하게 반갑다. 똑같은 찍어낸 아파트와는 느낌이 다르다.

나는 이런 집장사의 집에서 묘한 아늑함과 편리함을 느낀다. 유명한 건축가가 디자인한 집이나 건축상을 받은 집에 없는 편안함이 있다. '불란서집, 집장사 집'은 그렇게 허투루 지은 집이 아니다. 공급과 수요, 필요와 선호가 맞아떨어진 지점의 집이 가진 힘이 있다. 기본에 충실했다. 드러냄과 멋에 대한 의지보다 쓰임에 대한 해법을 우선으로, 그리고 그 시대의 로망이 될 만한 요소를 갖췄다. 가회동의 한옥들

난간의 높이기준 120cm는 과연 적절한가. 안전보다는 책임 전가의 문제다. '높이+넓이'를 합한 길이 기준으로 바꾸자. 오래된 집의 난간. 트인 시선과 안전, 다양한 쓰임에 대한 해법이다. 법규의 기준이나 건축가의 안목이 아니라 집장사 집의 지혜다.

도 사실은 1920~30년대 일괄적으로 공급된 당시의 집장사 집이다. 당시의 필요와 기술과 비용의 접점을 찾아 만든 동시대 개량 주거다.

　이들의 집에서 내가 주목하는 지점은 '시선과 처마'다. 사용자의 필요와 지속성이 잘 고려되었다. 마당과 그늘, 처마와 경사 지붕, 넓은 발코니와 섬세하게 만든 콘크리트 난간 같은 실질적 해법이 시선과 처마를 중심으로 구현되어 있다. 지금의 집들은 이런 것을 잃어버렸고, 우선순위에서 밀려났다. 비용, 건폐율, 용적률 같은 숫자의 전쟁에서 기본기를 생각할 겨를이 줄었고, 지속성이라는 건축의 기본기는 현대적인 기술과 신재료 앞에 소홀해졌다. 미니멀minimal이 최고의 디자인이라고 교육받은 착각까지 더해졌다.

틈만 나면 우리는 불란서주택의 발코니에 퍼질러 앉는다. 캠핑 의자에 기대 커피를 마시며 멍 때린다. 햇살의 움직임에 따라 이리저리 옮겨가며. 집의 발코니엔 동네의 지붕과 먼 산들의 풍경을 가리는 건 없다. 콘크리트를 빚어 만든 낮은 난간 덕분이다. 적당한 넓이의 난간 턱은 의자가 되고 테이블이 되고 이불을 너는 장소가 된다. 난간 아래 구멍으론 바람이 적당하고, 쏟아진 비는 난간의 아래턱이 막아준다.

　준공검사를 받는 공사현장에선 줄자를 들이대며 난간 높이가 몇 센티미터 모자라 불법이라 준공을 내줄 수 없다는 실랑이가 난무한다. 난간 높이 기준은 90cm를 넘어서더니 110cm, 다시 120cm로 높아졌다. 학교는 150cm다. 집은 점점 난간의 감옥에 갇히고 있다. 이런 기준은 어디에서 왔을까. 흔들리는 여객선 갑판의 난간 높이가 120cm다. 집도 그래야 하나.

부석사를 올라가는 계단이나 병산서원의 계자鷄子난간은 이런 기준이 없어도 많은 이의 사랑을 받으며 잘 쓰이고 있다. 지금의 건축 기준대로 만들면 이 집들에서 맛본 편안함이 생길까. 난간의 안전 기준이 얼마나 집을 안전하게 할까. 난간이 높으면 안전하다는 착각은 책임 전가의 문제다. 최소의 기준이 필요하지만 이렇게까지 할 필요가 있을까. 혹시 발생할 문제에 대한 책임회피다. 어쩌면 발코니를 실내화한 고층아파트로 인해 촉발된 문제이기도 하다. 이젠 바뀌어야 한다.

우리 집의 난간 높이는 63cm다. 지금의 기준으로는 매우 낮다. 그러나 우리는 불안에 떨거나 위협을 느낀 적이 없다. 수많은 사람들이 와서 이곳을 썼고, 술에 취한 경우도 많았지만 위험한 적이 없다. 난간 턱은 걸터앉아 커피잔을 올리거나 화분을 올려도 될 만큼 넉넉하다. 난간턱의 넓이는 27cm다. 난간 높이를 자꾸 높일 것이 아니라 '높이와 넓이의 합'으로 규정하면 어떨까. 그 정도면 안전과 편안함을 같이 만족할 수 있다. 우리 집 난간에 적용하면 90cm[63+27]가 된다. 난간의 높이 규정이 없던 때 만들었던 난간은 시선과 쓰임, 안전을 모두 만족했다. 고층건물이 부담이라면 저층에 적용되는 방법이라도 찾아야 한다. 이제 난간의 감옥에서 좀 벗어나자.

이 골목은 재미없네.
연희동성당 근처의 골목길, 아내는 걷는 내내 툴툴거렸다. 걸었는데 구석구석 빼놓은 곳이 많아 다시 그곳을 찾았다. 일요일 성당에 갈 때 나머지를 걷자고 했으나 코로나19로 미사가 중단되어 뒤늦게 찾았다. 골목을 돌아 기찻길 넘어 언덕을 돌아선 내리막길에서 헉 소리가 났다.

고물상인가?

아닌데, 집이야.

이런 집이 있구나. 나무 조각, 폐기물을 모아 집을 지었다. 골목 안쪽에 사람이 산다고 화이트보드에 주소와 이름이 쓰여 있다. 연희동 344-143번지와 344-189번지. 배달은 안쪽으로라는 표시가 보인다.

직접 지은 집이야.

건축가 프랭크 게리Frank Gehry, 1929~의 초기 주택과 건축가 차운기車雲基 1955-2001가 지은 집들이 떠오른다. 자연의 재료나 폐자재를 재활용해서 지었다는 점에서 닮았지만, 이 집은 그 개념을 넘어선다. 두 채가 붙은 집의 삼각형 박공지붕 아래 '수壽' 가 선명하다. 땅은 70평이 넘는다. 10평이 안 되는 동네의 작은 집들에 비하면 크다. 1970년에 완공했다는 건축물대장의 기록이 보인다. 그때 지은 집 위에 재료를 덧대며 확장 중인 셈이다. 집을 지으며 살아가는 집이다. 이렇게 짓고 있는 이가 누굴까. 정통 건축교육을 받은 건축가의 솜씨는 아니다.

'달러 스트리트www.gapminder.org/dollar street'는 이렇게 재료의 조각들을 이어 붙이는 방식으로 만드는 주거를 2번째 단계의 집으로 분류한다. 원시 자연에서 최소의 가림막을 만드는 1단계부터 현대식 구축법으로 제대로 된 4단계의 주택을 수준별로 나눠 부의 등급을 매겼다. 대한민국의 거의 모든 주거는 최고 단계인 4단계 중에서도 최상위로 분류되어 있다. 그런데 연희동에 이런 집이라니….

생각이 꼬리를 문다. 집은 어떻게 생겨야 하는가. 누가 집을 지어야 하는가. 어떤 재료로 지어야 하나. 어디까지가 건축일까. 집의 근본은

(상) 궁동산자락에 폭 안긴 집
(하) 폐자재로 지은 집. 집은 아직도 진화 중이다. 이 집은 '건축은 어떤 모습이어야 하는가, 어떻게 지어야
하는가'라는 근본 질문을 던진다.

무엇인가. 인간을 제외한 모든 동물은 스스로 자신의 보금자리를 짓는다. 그리고 꼭 필요한 만큼 짓는다. 현대 우리의 집도 그럴 수는 없을까. '2m도 안 되는 인간에게 10m가 넘는 큰 집이 왜 필요한가!'라는 아메리카 인디언들의 100년 전 물음이 귓전에 왱왱거린다.

그리고 동네가 점점 하얗게 변하고 있다. 새로 짓는 집이 많다는 뜻이다. 명성 높은 건축가와 젊은 건축가상 수상자들이 디자인한 건축, 실험적인 건물까지 점점 다양해지고 있다. 오래전 우리가 설계했던 집도 동네 어딘가에 있다.

요즘 짓는 집들이 50년 전 집 장사의 집보다 좋겠지?

글쎄….

주부의 질문에 건축가는 자신 있게 답할 수 없다. 더구나 오래된 집들이 반려동물들의 놀이터로 스튜디오로 바뀌고 있지 않은가? 헷갈린다. 뭐가 답인지.

연세대학교 안의 언더우드가기념관

연희동의
가장 오래된 집

언더우드가기념관, 물길 위에 지은 집. 원한경 박사 사택

1938년 지어진 11평 집이 남아있다. 이 주택연희동 339-29번지이 '건축물대장'으로는 가장 오래되었다. 도로의 안쪽 맹지에 있어서 동네를 답사할 땐 자세히 살피지 못했다. 허물어진 지붕을 천막이 겨우 덮고 있지만, 집의 형체는 그대로다.

그러나 실제 더 오래된 집은 1927년 설립한 연세대학교 안의 원한경 박사 사택이다. 지하 1층·지상 3층 건물로 돌로 마감된 거대한 저택이다. 한국 전쟁 때 지붕이 불에 탔지만, 외형은 고스란히 남았다. 1974년 학교에 기증되어 지금은 '언더우드가家기념관'으로 쓰인다. 2004년에 고친 사진을 보면 한 층이 줄었다. 아름다운 집과 함께 이곳은 나무의 성지다.

가장 오래된 상가건물근린생활시설은 '연희동 431-3번지'다. 1961년생이니 60년이 채 안 되었는데 건물 전면과 간판, 가게는 모두 바뀌었고, 골격과 뒷면에 옛 흔적이 남아있다. 연희동은 두 세대를 넘긴 상점도 없을 만큼 변화가 많다는 지표 같기도 하다.

작은안산의 붉은 꽃, 한 그루인데 색으로 주변을 압도한다.

열세 번째
절기

입추 立秋

가을의
시작

나무야 나무야

다음 절기는 입추야.
설마, 아직 더위도 다 안 왔는데….

'입추엔 벼 자라는 소리에 개가 짖는다'고 했는데
긴 장마에 해를 구경한 지 오래다. 그래도 벼는 자라고 있겠지.
이 말이 허풍은 아닌 것 같다. 빗소리와 나뭇가지 흔들림에
새벽잠을 자주 깬다. 개는 인간보다 4배 이상 청각이
발달했다고 하니 그럴 만하다.

들무우순, 다래순, 비비추, 두릅, 붉나무순, 가지, 옥수수까지
먹을 것이 점점 많아지는 때다.
풋내 나는 먹거리들은 궁동산자락, 홍제천의 작은 틈,
도로변 화분에 키우는 이들이 있어 동네에서도
쉽게 만날 수 있다. 관청은 자투리땅에 팻말을 붙여 경작금지를
외치지만 그럴 일인지 모르겠다.
나무 잔디 꽃을 심어야 조경이 되는 것은 아니다.
땅은 씨를 차별하지 않는다.
건축물의 조경기준에 도시농장과 경작을 인정하지 않는 이유를
이해하기 어렵다. 땅을 활용해 텃밭을 가꾸는 것과 잘 자라지도
못하는 곳에 억지로 나무를 심어 방치되는 것 중
무엇이 적절한지 아리송하다.

연희동의 나무지도. 나무의 입장에서 동네를 한번 보자. 궁동산과 안산, 연희동의 30%를 차지하는 산은 동네의 허파이고 지존이다.

난 이 냄새 싫어.

고향의 냄새인데. 좀 삐릿하긴 하지.

지리산 웅석봉 아래는 밤나무 천지였다. 나무 주인이 아니라도 먹거리
가 확보되는 밤나무를 싫어할 촌놈은 없다. 밤송이 가시에 찔리는 것
쯤이야. 연희동에 오니 집 아래 골목의 큰 밤나무가 싱싱하게 꽃을 피
웠다. 초여름 풍기는 비릿한 밤꽃 향에 고향을 떠올린다. 기세가 좋았
던 녀석은 낙엽과 밤송이가 많이 떨어진다는 민원을 견디지 못하고 몇
해 전 몽창 잘렸다. 그래도 냄새는 줄어들지 않았다. 다행히.

　덥고 습한 여름, 나무는 보배다. 녀석이 주는 수십 가지 효과는
몸이 먼저 안다. 연희동의 땅 중 나무가 가득한 산과 공원의 비중은
30%다. 대로변엔 가로수가, 작은 공원에도 나무가 있다. 그러나 큰 땅
을 차지한 아파트나 학교에는 큰 나무가 별로 없다. 연희동에서 가장
큰 땅인 연세대학교의 숲과 언덕은 새로 조성되었다기보다 안산의 숲
이 연장된 것이다. 연희동에서 보행자를 풍요롭게 하는 주인공은 오히
려 주택의 나무와 식물이다. 지은 지 40년 넘은 집 1,560채, 그 집 마
당의 나무와 꽃들은 빛깔·그늘·향기로 동네의 매력을 만든다. 길 쪽에
집중된 나무들이 띠 모양의 풍경을 만든다. 향나무, 소나무, 단풍나
무, 배롱나무, 라일락, 감나무, 살구나무, 주목, 장미, 찔레, 능소화, 영
춘화…. 안산과 궁동산, 도로의 가로수와는 다른 수종들이 많다. 그
다양함 덕에 동네는 계절마다 풍요롭다.

연희동에 가장 많은 가로수는 플라타너스^{양버즘나무}다. 느티나무, 은행나
무, 메타세쿼이아가 다음이고 드물지만 느릅나무, 소나무, 살구나무,

연세대학교 서쪽 언더우드가기념관으로 연결되는 담장길

감나무도 있다.

서울시의 가로수는 17종류 306,287그루^{2018년 기준}가 심어져 있다고 한다. 은행, 양버즘, 느티, 왕벚, 은단풍, 메타세쿼이아, 가죽, 감, 수양버들, 튜울립, 칠엽수, 포플러, 느릅, 살구, 무궁화, 목련, 이팝 등의 수종으로 은행나무가 35%로 가장 많고 플라타너스 21%, 느티나무 11%, 왕벚나무 10% 순이다. 가로수는 '아름다운 경관의 조성, 환경오염 저감과 녹음제공 등 생활교통환경 개선, 자연생태계의 연결성 유지 등을 위하여 심는 수목'의 요건을 갖춰야 한다. 그리고 교목은 6~8m 간격으로, 도로와 평행하게, 같은 노선과 도로 양측에는 같은 수종으로 심게 되어 있다. '가로수 기본계획^{2012년}'까지 수립되어 있다.

연희동은 넓은 도로 다섯 곳에만 가로수가 있다.

성산로 플라타너스 + 느티나무 + 느릅나무
연희로 플라타너스
증가로 플라타너스
가좌로 메타세쿼이아
홍제천로 느티나무 + 은행나무

도로 양측에 같은 수종을 심으라는 원칙을 따랐지만, 꼭 그렇지도 않다. 가장 넓은 도로인 성산로는 플라타너스와 느티나무, 느릅나무가 큰 원칙 없이 교차해 있고, 홍제천로에도 느티나무와 은행나무가 구간마다 다르다. 죽은 나무의 자리는 다른 수종으로 땜질 된 곳이 많다.

그런데 왜 대칭으로 심을까. 큰 도로의 좌우는 건물과 향 때문에 햇살, 그늘, 바람이 다르다. 나무의 생육조건이 같을 리가 없고 보행자

(좌) 소나무 숲, 안산에서 연세대학교로 이어진 소나무 숲길.
(우) 드물게 있는 살구나무 가로수. 동교로와 연희맛로가 이어지는 연희임광아파트 앞.

에게 도로의 양쪽은 다른 길이다. 그래서 같은 수종을 심었더라도 양쪽 나무는 크기 다르다. 가로수가 '차'와 '보행자'를 위해 심는 것이라고 하나 실제는 '차'가 주인공이다. 걸어보면 확실해진다. 보행자의 보행환경과 그늘, 시선과 상점의 간섭은 깊게 고려되지 않았다. 실제 가장 큰 영향을 받는 이는 보행자. 보행자가 중심이 되어야하지 않을까?

왠지 이 길은 느낌이 다른데?

연희교차로의 북쪽에서 연세대학교 방향성산로으로 가는 길과 홍제천변의 남쪽 도로홍제천로는 가로수가 2열로 식재일부는 3열 식재된 길이다. 차도가 아니라 보행로의 양쪽에 가로수를 심었다. 성산로의 연세대학교 경계 부분은 플라타너스가 한 줄이지만 학교 담장을 따라 심은 소나무 덕분에 2열 식재 효과가 생겼다. 홍제천로 구간은 아파트단지를 지으면서 차로를 넓히는 대신 보행로의 오래된 느티나무 2열 식재를 유지했다. 이곳을 걸으면 기분이 좋아진다. 옆의 홍제천 보행길은 내부순환로가 만든 그늘과 홍제천의 물, 오래된 가로수 덕분에 동네 사람들이 가장 좋아하는 산책로다.

증가로의 '피터팬 1978' 빵집 앞은 주인이 집 앞에 화단을 만들어 계절마다 꽃을 가꾼다. 도로의 가로수와 빵집 앞의 꽃이 만든 풍경 덕에 걷는 이들은 행복해진다. 경의선 철길을 따라 심어진 느릅나무 가로수와 낮게 이어진 장미꽃길도 행복을 준다. 이들은 모두 걷는 사람을 배려해서 가꿔진 곳이다.

가로수도 이제 보행자 중심으로 바꿔야 하지 않을까? 가로수

(좌) 연희동 주택의 마당과 담장들. 오래된 나무와 꽃들이 골목 풍경을 매력적이게 만든다. 장미꽃이 가장
풍성한 집의 담장. *연희로15길
(우) 연희동에선 대로에 심은 가로수도 있지만, 단독주택의 오래된 정원들이 큰 역할을 한다. 동네 중간의
작은 공원들 역할도 제한적이다. 큰 땅을 차지한 아파트와 학교도 주목할 만한 나무들이 별로 없다. 가장
큰 땅인 연세대학교의 숲과 언덕은 조성되었다기보다 안산의 숲이 연장된 것이다.

에 면한 땅에 건물을 지을 때 도로 쪽을 조경공간으로 지정하도록 하면 어떨까. 건물이 접한 도로변에 식재를 하면 건폐율과 대지안의 공지로 인해 버려지는 땅을 활용할 수 있다. 그러면 인도는 가로수와 건물의 조경으로 인해 2열 식재의 효과가 생길 것이다. 건폐율, 대지안의 공지, 조경기준을 피상적으로 둘 것이 아니라 보행자와 도시 풍광의 품질을 향상하는 방식으로 결합하면 문제가 해결된다.

서대문구에는 '나무돌보미Adopt a Tree'라는 제도가 있다. 개인이나 학교, 기업, 단체, 마을공동체 등이 일정 구간의 가로수나 녹지대를 맡아 물을 주고 쓰레기와 잡초를 제거하며 직접 관리하는 제도다. 이것까지 결합한다면 효과는 커질 것이다. 산자락을 깎아 아파트를 지으면서 억지로 공원을 만들 게 아니라 산을 그만 훼손하는 것이 답이다.

이제 나무의 시선으로 보행자의 시선으로 동네를 보자. 그러면 더 풍요로워지지 않을까….

열네 번째
절기

처서 處暑

일교차가
가장 심하다

큰 나무님

더운룲 기운이 이날 그친다處해서 처서라 부른다는데….
모기 입이 비뚤어진다 했는데…. 올해는 처서에 비가 그쳐
더위가 왔으며 장마 동안 굶주린 모기의 공격이 드세다.
왱왱거리는 그 소리에 깬 새벽엔 매미까지 요란하다.
오늘도 덥겠구나.

동쪽 멀리 언더우드가기념관의 숲이 보인다.
거대한 플라타너스 그늘에서 쉴 생각으로
햇 옥수수 간식을 챙겼다.
동네에 소풍 갈 곳이 한 곳 더 늘었다.

연세대학교 북문에서 서문으로 이어지는 길,
서울외국인학교와 담장을 마주한 이곳은 동네 사람들만의 산보 코스다.
키가 20m 넘는 갈참나무 수십 그루가 담장을 따라 이어진다.
중간의 소나무 숲까지 도심 속이라는 것이 믿기지 않을 만큼 깊다.
이 부근의 지목地目은 아직도 '묘墓'다. 연희궁 근처엔 왕족의 무덤이
많았다는 기록이 있다. 이곳이 아닐까.

1917년 연희전문학교가 이 땅을 샀고,
인접한 서울외국인학교가 1958년에 연희동교사를 신축하고
이전했으니 담장 근처의 나무도 그 무렵에 심었을 것이다.
참나무를 심고 60년을 기다리면 이런 풍요가 생긴다.
나무는 그렇게 자신의 때를 기다린다.

며칠 전 아내는 처서 음식이라며 '묵냉국'을 내놓았다.
시원하고 떫은맛을 넘기며 이곳의 참나무가 떠올랐다.
초록 그늘과 검은 땅에 널려있던
도토리의 은근한 그 빛이.

(상좌) 봉원사의 보호수, 480살 느티나무.
(상우) 언더우드가기념관 앞의 플라타너스. 이 분들을 부르는 '보통명사'가 필요하다.
(하) 언더우드가기념관의 초대형 플라타너스. 흉고둘레 360cm 높이 35m다. 서울시의 플라타너스 후보
목보다 더 크고 더 오래된 것 같다. 눈에 잘 안 띄는 곳에 있어서 잘 유지되었을 수도 있지만 이젠 대접을
좀 해야 하지 않을까. 집을 지은지 100년이 되어 가는데 저 나무는 집을 지을 때 심은 것일까 아니면 원래
안산에 있던 것일까?

여기를 지배하는 나무야. 플라타너스.

지금까지 본 것 중에 가장 커.

거기 서봐.

양팔을 벌려도 나무 허리둘레의 반도 못 감싼다. 촉촉 젖은 날 녀석의 허리둘레를 쟀다. 흉고둘레 360cm, 높이 35m. 나무를 표시하는 방법으로 기록하면 H35m×B150cm×W15m다. 조경수에서 볼 수 없는 숫자다. '언더우드가기념관'을 지은 지 100년이 되어가는 데 플라타너스는 그때 심은 것일까 아니면 안산에 원래 있던 것일까. 플라타너스가 100년간 크면 저 정도가 될까. 곁의 느티나무 위용도 만만치 않다. 우리는 이곳을 '연희동의 나무 성지'라 부른다.

　이렇게 크고 오래되어 영혼이 깃들만한 나무는 이름이 따로 있으면 좋겠다. 1,000년을 세기世紀라고 부르듯. 밴쿠버의 스탠리 공원Staley park에 갔을 때 그런 생각이 들었다. 그 공원은 나무 천국이었다. 직경 3m 높이 40m가 넘는 나무들이 가득했다. 큰 나무라고 부르기에 민망했다.

　노거수老巨樹, 대부등大不等, 정자목亭子木, 당산堂山나무, 근심지목根深之木, 춘양목春陽木, 신목神木, 보호수保護樹, 거삼巨森나무Giant Sequoia, 낭그늘 등의 명칭이 있지만, 단순히 크고 오래되고 뿌리가 깊은 나무라는 뜻을 담은 정도다. 보통명사도 고유명사도 아니다. 조경 전문가들에게도 물었으나 아직 답을 듣지 못했다.

　큰 나무가 영적인 존재라는 것을 각인시켜준 영화 '아바타'에서는 '홈트리Pandoran Hometree, Na'vi name : Kelutral'라고 불렀다. 오마티카야Omaticaya부족이 사는 크기를 가늠하기 어려운 그 나무, 영혼의 나무를

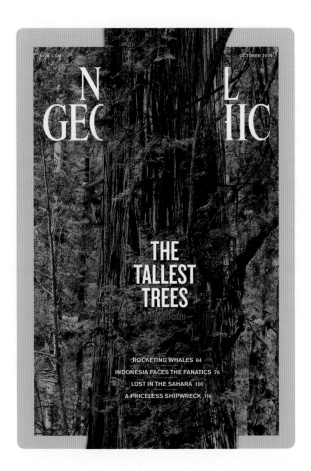

세계에서 가장 큰 나무. 캘리포니아의 '제너럴 셔먼 트리(The General
Sherman Tree)'. 높이 83.8m 최대직경 11.1m, B.C.800 ~ B.C.300년에
생긴 것으로 추정하니 2,300살이 넘었다.
© National Geographic(2012.12)

그들은 '에이와Eywa'라 불렀다. 우리도 크고 영적인 나무를 제대로 된 이름으로 불러준다면 '나무'를 귀하게 여기지 않을까. 우리는 '큰 나무님'이라 부르기로 했다. 베른트 하인리히는 '세상에서 가장 큰 생물체는 전부 나무들이다. 그중에서도 일부는 가장 오래된 생물체이기도 하다.'라고 했다. 이 명제를 깊이 새겨야 한다.

세계에서 가장 큰 나무로 인정받은 것은 캘리포니아의 '제너럴 셔먼 트리The General Sherman Tree'다. 높이 83.8m, 최대직경 11.1m, B.C.800 ~ B.C.300년에 생긴 것으로 추정하니 2,300살이 넘었다. 일본 야쿠시마의 수령 7,200년 조몬스기繩紋杉가 제일 오래된 나무라고 한다.

우리나라에서 가장 오래된 나무는 정선 두위봉의 주목1,400년으로 추정이고, 가장 큰 나무는 용문사의 은행나무높이 67m, 둘레12.3m, 1,100년으로 추정로 알려져 있다. 나무의 관점에서 보면 해외에 비해 우리는 좀 부족하고 서울은 더 부족하다. 전쟁의 상흔이 컸지만 천년이 넘은 고도古都, 사방이 산으로 둘러싸인 서울에서 '보호수와 노거수'로 관리대상인 나무가 겨우 346그루다. 지정된 것이 168그루, 후보 목이 178그루다. 600년을 넘긴 것은 12그루밖에 안 된다. 좀 슬프다. 관리대장의 기록으론 1,015년 된 신림동의 굴참나무가 가장 오래되었고, 34m 높이의 청량리 국립산림과학원 포플러나무가 가장 높고, 895cm 흉고둘레인 시흥동 은행나무가 가장 두껍다. 사실 큰 나무나 오래된 집 대부분은 전쟁이 아니라 '개발'이란 이름으로 사라졌다.

안산이 곁에 있지만, 연희동엔 그런 보호수가 한 그루도 없다. 인근인 봉원사에 느티나무 4그루430년·400년·300년·165년, 1972년 지정 나이와 회화

봉원사의 보호수. 165살 느티나무.

나무210년, 백련사의 느티나무115년가 연희동이 속한 서대문구의 보호수 전부다. 1921년 조선총독부에서 발간한 『寫眞帖 朝鮮』에 연희면 창천리의 명물로 소나무를 소개하고 있다. 그 나무도 사라졌다. 나무를 귀하게 여긴 곳이 사찰뿐인가. 쩝.

백련사의 큰 나무님을 만나러 간 날은 폭염주의보가 내렸고, 봉원사의 보호수를 만난 날엔 폭우가 내렸다. 비를 먹은 느티나무 줄기가 검은 광채를 뿜었다. 나무의 거대하고 깊은 힘이 절과 잘 어울린다. 그런데 절의 경내 어디에도 '보호수'를 알려주는 안내가 없다. 안내할 필요가 없을 만큼 존재가 커서 그런 것인지 안내해야 할 대상이라고 생각하지 않는 것인지 알 길이 없다. 봉원사의 절집과 일체가 된 450살 느티나무님, 그 모습을 카메라에 담으려 헤맨 덕에 속옷까지 흠뻑 젖었다. '찍으려 애쓰지 말고 그냥 보고 느끼고 그늘에 쉬었다가 가. 그리고 또 와.' 나무는 그런 신호를 보내는 것 같았다.

밤나무가 많았다는 연희동의 '밤골' 이야기도, 연희궁 뒷산에 소나무를 가득 심었다는 조선왕조실록의 기록도 무색하게 동네의 어디에도 그런 나무를 찾을 수가 없다. 그래서 언더우드가기념관의 플라타너스가 더 소중하게 다가온다. 서울시의 보호수 후보 목에 플라타너스는 13그루가 올라있다. 가장 큰 것은 대방동 성남고등학교에 있다. 수령 80년, 흉고둘레 3m, 높이 26m다. 언더우드가기념관의 큰 나무님이 더 크고 오래된 것 같다. 연희동은 이분을 귀하게 여기자 ~

(상) 1921년 조선총독부에서 발간한 『寫眞帖 朝鮮』에 연희면 창천리의 명물로 소개된 소나무. 고사했다.
(하) 백련사의 보호수에서 바라본 연희동의 궁동산. 산보다 더 큰 집들. 이젠 산이 아니라 '공원'으로 정의
되어 있다. 이제 산 좀 그만 잡아먹자.

단풍나무 베라 게. 담장 무너지면 어쩌려고.

50년간 잘 버텼어요. 그리고 마당에 그늘을 제일 많이 만들어줘요.

프로 농사꾼 어른의 말이지만 그대로 따르긴 어렵다. 잔가지만 솔솔
쳐냈다. 담장 아래로 떨어진 낙엽이 가득하다. 장미꽃도 장맛비에 떨
어져 가득하다. 즐긴 만큼 뒤처리는 우리 몫이다. 동네에 살려면 그 정
도는 당연하다. 아들아. 골목 쓸자.

열다섯 번째
절기

백로 白露

이슬이 내리는 때

연희궁

백로란다.
새벽 매미 소리가 사라졌다.
며칠 사이에 일어난 변화다.
'백로'가 맞다.

태풍이 지나가는 사이에 가을이 왔다.
그리되었다.

귀뚜라미 소리가 매미보다 귀여워. 게네들은 악을 쓰잖아.
도시가 하도 시끄러우니 살아남으려고 그런 거 아냐.

가을의 소리와 바람을 맞으며
사람 없는 산길로 연희궁을 찾아 나선다.

연희궁터·서잠실터 표지석. 연세대학교 교문 안 우측에 있는 표지석. 2002년
서울시에서 만든 것을 최근 백양로 지하공사를 하면서 옮겼다. 영조가 영빈의
묘-의열묘·선희묘·수경원-를 연희궁에 조성했다는 기록에 따른 자리다. "연
희궁은 조선 초기에 지은 이궁(離宮)의 하나이다. 1420년 세종이 부왕인 태
종을 위해 고쳐지었으며, 세종 자신도 1426년에 이 곳에 잠시 머물렀다. 또한
세종은 이 궁에 국립양잠소 격인 잠실도회(蠶室都會)를 설치하였으며, 그 뒤
세조는 서잠실(西蠶室)이라고 하였다. 1505년에는 연산군이 이를 개축하여
연회장으로 사용하기도 하였다."라는 글과 함께.

그런데 연희궁이 어디야?

글쎄….

연희동 이름이 연희궁에서 유래됐다는데. 검색하면 연세대학교 앞 '연희궁터' 비석이 나온다. 그곳이 맞나?

2020년 연희동은 600살이 되었다.1420~2020년 연희궁의 이름에서 동네 유래가 시작되었으니 그렇다. 세종대왕이 1420년 서이궁을 짓고 연희 궁으로 개명했다는 기록이 확실하니 연희동은 600년 된 마을이다. 연 희궁은 1617년 불에 모두 탔다고 하니 궁궐로는 200년 정도 사용된 셈이다.

　아내의 단순한 질문은 늘 답하기 어렵다. 내가 이 동네 향토사학자 도 아닌데. 『연희궁을 찾아라』김선태, 2018년 책의 저자는 동네의 이야기와 연희궁의 흔적을 나보다 먼저 찾아다녔다. 그는 궁동산 아래가 연희 궁이라 주장한다. 절반은 역사로 반은 구전으로 채워져 있다. 끄덕여 지는 부분도 있으나 갸우뚱거리는 대목이 많다. 연희동에서 역사 흔 적을 볼 수 있는 건 '장희빈 우물'을 복원이 전부다. 그런데 희빈 장씨 의 사가私家가 여기였나? 근거는 없고 전해져오는 이야기라는 글만 사 방에 당당하다. 더 궁금해졌다. 코로나19로 집에서 꼼짝하지 말라는 질병관리청장의 엄명이 있으니 그동안 발품으로 익힌 동네를 머리에 넣고 자료를 파고든다. 옛날 지도와 자료가 조금 있다. 항공사진, 50년 대 지도, 일제강점기 지도, 18세기 서울지도. 과거로 거슬러 올라가며 연희동을 찾는다.

　'연희궁', '고연희궁', '연호궁', '연희궁계'가 지도마다 빠지지 않고

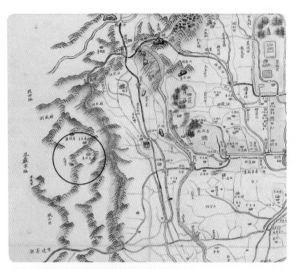

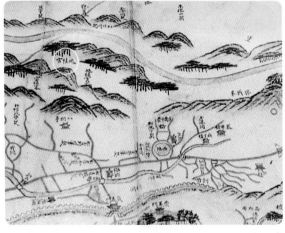

(상) 도성도(都城圖, 1750년). 연희궁은 의소묘와 함께 팔작 기와지붕의 건물
이 표기되어 있다.
(하) 성시전도(城市全圖, 1789년)에는 연희궁 양쪽의 소나무 숲이 보인다.

표시되어 있다. 축척이 없는 고지도지만 안산·와우산·동네·산맥·홍제천의 위치가 있으니 연희궁의 위치를 상대적으로 가늠할 수 있다. 개략으로. 연희궁은 진짜로 존재했던 곳이구나. 궁동산 아래 같은데….

연희궁의 위치를 찾아볼까?

영빈의 묘소暎嬪墓를 서교西郊의 연희궁延禧宮으로 정하라고 명한 다음……
『조선왕조실록 1764』

영조의 명이었다. 당시 연희동은 한양 외곽 양주楊州 소속으로 한양도성의 서쪽 교외였다. 영빈의 묘는 이름이 복잡하다. 처음엔 의열묘義烈墓였다가 1788년 선희묘宣禧墓, 1899년 수경원으로 등급이 점점 올라갔다. 20세기 초 선교사들이 이곳 땅을 사들였고무덤도 포함되어 있으니 딸려갔다, 1970년 연세대학교에서 루스채플을 지으며 서오릉으로 이장했다. 그래도 되나? 의열묘도義烈墓圖, 수경원지록, 표의록…. 묘를 조성하며 만든 기록이 많다. 그런데 원래 자리인 연희궁에 관한 이야기는 없다.
영조의 명을 근거로 한다면 연희궁200년 전에 불타 없어진은 '수경원' 자리다. 고지도에서 표시된 연희궁과 연희궁계는 조금 다르다. 그리고 연희궁은 궁의 전각이 있던 자리만을 지칭하는 것도 아니었다. 지도의 위치를 따라가다 보면 점점 궁동산 아래로 향한다.

가설① 연희궁 = 수경원
가설② 연희궁 = 궁동산 아래

①번은 이미 위치가 있으니 나는 ②번을 따라가 본다. 궁금하다. 어디가 맞는지.

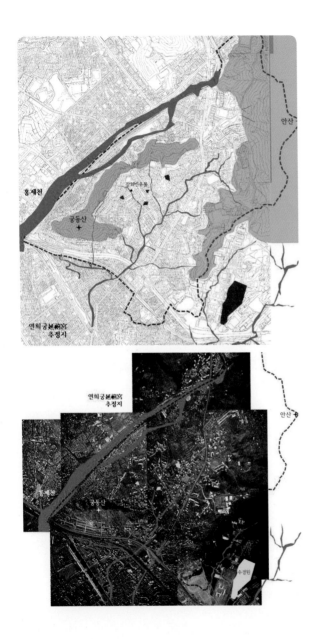

연희궁의 위치 가설 - 궁동산 아래. 축척이 있는 1919년 경성도(京城圖)와
1936년 지도(地番區劃入 大京城精圖 第6號) 그리고 2020년 현재의 지도
를 겹쳐 추정한 연희궁의 위치. ①궁동산 아래 작은 점 ②수경원 자리 - 현재
연세역사의 뜰.

그냥 물어 본 건데 왜 논문을 쓰고 있어?

연희궁이 어디냐고 물어봤잖아. 잘 안 나와…. 그리고 헷갈려.

그래서?

이제 오기가 생겼어.

오래전 학위논문을 쓰던 때가 생각났다. 체력과 시력은 그때가 아닌데.

'배산임수', 이궁이나 행궁이나 강에서 너무 가깝지 않고 산 정상에 적당하고 평평한 안대가 좋은 곳임은 분명하다. 기록과 풍수 모두. 같이 있던 서잠실西蠶室의 뽕밭 전담 개천은 이미 사라졌다. 그대로 있는 것은 자연, 산과 강밖에 없다. 안산·궁동산·홍제천, 철도가 부설되었지만, 지형이 심하게 변하지는 않았다.

> 홍제천 EL +12m한강 홍수위 +10.5m
>
> 궁동산 EL +104m안산 +295.9m · 산 아래 평지 +18~50m
>
> 연희면 ↔ 세교리서교동 사이 하천 폭 10~20m

그동안 한국학 연구자들은 쉬지 않았다. 그들이 구축한 자료를 온라인으로 어렵지 않게 1차 자료까지 내용을 확인할 수 있다.

조선왕조실록, 승정원일기, 일성록, 신증동국여지승람, 병산집, 연암집, 경성부관내지적목록, 경성부지형명세도. 한국고전종합DB, 한국학자료센터, 한국역사정보통합시스템, 한국학진흥사업성과포털. 그리고 국립지리원의 지도와 항공사진을 눈알이 빠질 만큼 하나씩 찾아보면 흔적과 동네의 변화가 보인다. 조금 더 파본다.

구 수경원, 연세역사의 뜰. 사각형 초석(礎石). 이곳이 연희궁이었다면 이 돌들은 1617년 불탄 연희궁의 초석일 것이다.

도성도1720·경도오부 북한산성부도1750·도성도1750·사산금표도1765·
한양도성도1770·한성전도1780·한양전도1780·도성지도1780·성시전도1789·
수선전도1840·경조전강1860·경조오부도1860·경조오부도1861·슈션젼도1892

도성도都城圖, 1750년에는 연희궁이 의소묘와 함께 팔작 기와지붕 건물
로 표기되었다. 한성전도漢城全圖, 1780년, 한양전도漢陽全圖, 1780년는 산
사이에 연희궁을 비교적 정확하게 명기했다. 특히 수채화 기법으로 그
린 '한양전도'는 홍제천 - 산궁동산 - 연희궁 - 길 - 하천 - 안산의 관
계를 잘 표시하고 있다. 궁의 건물은 17C 초에 불타 사라졌지만, 지도
는 궁을 표시하고 있다. 연희궁은 건물을 넘어선 존재다. 그리고 성시
전도城市全圖, 1789년는 궁의 양쪽에 소나무 숲을 그려두었다. 19세기 지
도 '경조전강京兆全彊, 1860년과 경조오부도京兆五部圖, 1860·1861년'에는 '고
연희궁古延禧宮'으로 궁의 지위가 사라졌음을 보여준다. 슈션젼도1892년
는 '연흐궁'과 '정토샤'가 한글로 표기되어 있다. 그런데 연희궁 자리
에 지었다는 '의열묘·선희묘·수경원'의 표기는 없다. 지도들은 영빈의
묘가 들어선 뒤에도 의열묘 대신 연희궁이라는 지명을 고집했다.

고지도에는 축척이 없다. 덕분에 상상하는 재미가 있다. 산과 하천
이름을 따라가며 '여기 아닐까' 추측하는. 고지도, 1919년 경성도京
城圖, 1936년 지도地番區劃入 大京城精圖 第6號, 2020년 지도를 겹쳤다. 궁
동산 안산 홍제천을 맞추고대충... 딱 맞출 수는 없다 지도 속 옛 하천을 살피니
연희궁 위치가 추정된다. 궁의 자리는 전답田畓이 아닌 곳일 테니. 기
록 속의 연희궁과 궁의 주변 정보, 전답, 집이 있을 자리, 땅의 해발 높
이를 더하면 궁동산 아래 위치가 특정된다. 여기에 다음의 역사자료

하나를 보태면 장소가 더 특정된다.

연희궁묘소외청용백호식목처추입전답타량성책

延禧宮墓所外靑龍白虎植木處追入田畓打量成冊

1765년 양주목 소재 연희궁 묘소의 전답을 추가로 편입한 목록^{양안}이
다. 토지의 등급, 크기, 위치, 소유자 등이 기록되어 있다. 토지 면적은
수확량을 중심으로 '결結'이란 단위를 사용했다. 전체 4결 11부 1속.
결은 토지 등급에 따라 면적이 다르다.

2/4등전^{각 2%}, 3등전^{39%}, 4등전, 5등전^{14%}, 6등급^{44%}. 등급별로 분
류해서 환산하니 약 3만 평의 땅이다. 궁 근처^{내청룡, 內靑龍} 8,600평, 외
부^{外靑龍白虎} 1만 평, 기타 11,500평. 내청룡, 궁 오른쪽에 추가로 1만
평의 땅이 편입될 수 있는 곳이라야 한다.

이궁의 역할을 할 만한 땅의 크기가 필요하다. 연희궁도 북한산성
행궁^{1712년} 정도는 되지 않았을까. 왕이 행차하고 머물고 보조하는 기
능이 담기려면. 북한산성 행궁은 124칸 집, 발굴지가 3,000평 가량이
고 주요 전각이 있던 곳은 약 1,200평 정도다. 연희궁은 넓고 평평한
곳이라 했으니 조금 더 작아도 되었을 것이다. 그리고 세종은 1420년
이곳에 궁궐을 지으라고 명하면서 '백 칸을 넘게 하지 말라'라고 했다.

토지 크기와 하천, 전답과 대지를 구분한 축척이 비교적 정확한
1936년 지도가 있으니 추정할 만하다. 같이 있던 뽕밭 서잠실도 1870
년까지는 2년마다 나무를 심었고, 20세기 초까지 농사를 지은 기록도
있으니 전답이 크게 바뀌지 않았을 것이다. 궁동산 아래라는 가설②

를 바탕으로 하면 한 곳이 특정된다. 연희궁 - '연희동 112-1번지와 그 주변' 약 1,000평. 물론 이 기록을 가설①에 적용하면 '연희궁묘소 = 의열묘'로 주변 땅을 매입해서 묘소의 주변을 조성한 것이 된다.

기록 속의 연희궁 풍광을 찾아보자.

· 연희궁은 홍제천 앞의 산과 산 사이다. 지도 속 홍제천 앞산은 대부분 궁동산이다
· 궁의 좌우/뒤의 산이, 앞에 길과 그 앞에 하천이 있다.
· 궁의 뒷산에서 여우와 토끼 사냥을 했고, 하천의 고기잡이를 금지하기도 했다.
· 주변에 소나무를 심었고, 서잠실이 같이 있어 2년마다 뽕나무를 심었다.최소 1870년까지 서잠실 존재
· 앞이 트였고, 넓고 큰 땅이며, 궁궐이 앉은 자리는 평평하고 둥글다.
· 앞에만 들판의 형세가 약간 트여 있는데 전지田地의 이랑이 비단결처럼 펼쳐져 있다.
· 궁 주변 우측으로 최소한 9천 평 이상, 평지 건너 산자락에 2만 평 이상의 땅을 관할하였다.
· 궁의 건물들은 1617년 화재로 모두 불에 탔다.
· 연희궁계에는 왕족의 무덤지가 많았고 궁 동쪽에 의소묘懿昭墓, 대야동大野洞에 선희묘宣禧墓가 있다.선희묘가 의열묘이고 이후의 이름이 수경궁이다.
· 앞들에 고초전苦草田, 고추·마늘·부추·파·염교 등을 심었다.
· 20세기 초에도 이곳에 농사를 많이 지었다.무·청채

기록에 나타난 연희궁과 그 주변은 참 매력적인 곳이다. 뒤쪽에 산, 앞쪽에 하천의 명당으로 넓은 들판과 뽕밭이 어우러진 아름다운 곳이었다.

홍제천에 자란 뜬금없는 뽕나무들. 오래전 서잠실의 그 씨앗들이 아닐까라는 추측을 해본다.

그래서 연희궁이 어딘데?

잘 모르겠어.

뻘짓 했네. ㅠㅠ

　가설① 수경원 자리, 가설② 궁동산 아래. 조선왕조실록의 기록으로는 가설①이, 지도, 실록, 고문서 그리고 산과 하천 지명의 자리를 보면 가설②가 가깝다. 다른 의문이 꼬리를 문다.

연희궁에 속한 그 많은 땅은 다 어디로 갔을까?

1917년 9월 선교사 에비슨Oliver R. Avison이 연희전문학교를 건립하기 위해 고양군 연희면 창천리의 땅 190,320평을 매입했다. 연희전문학교의 이름도 연희궁에서 유래되었다. 이 땅이 그 땅 이겠지? 땅을 판 사람이 '이왕직李王職'이라면.

　연희동과 연세대학교는 모두 연희궁의 터를 밟고 있다. 1617년 불에 탄 연희궁의 흔적이라도 발견되면 좋겠다. 궁동산 아래는 1960~70년대 주택 신축, 도로 개설로 땅이 모두 뒤집어졌다. 연세대 안의 수경원 자리에는 수십 개 사각 돌기초를 모아두었다. 묘나 정자각에 사용하는 용도가 아니라 집에 사용하던 것이다.

　바람 좋은 날 영빈의 묫자리에서 커피를 마시며 '여기가 딱 궁 자리네. 이 정도는 돼야지'라는 아내의 결론. 나도 못내 동의한다. 이곳의 이름은 '연세역사의 뜰'이 아니라 '연희궁 역사의 뜰'이 되어야 한다. 100년의 연세보다 600년의 연희궁 자리다.

연세역사의 뜰. 이궁이었던 '연희궁' 자리는 의열묘·선희묘·수경원으로 이름이 바뀌었다. 연희전문학교 경내의 이 곳에는 루스채플 학생회관이 세워지며 영조가 만든 '영빈의 묘'는 서오릉으로 이장되었고 정자각만 덩그러니 남았다. 그 자리엔 광혜원을 복원한 건물과 조선 총독의 비, 고인돌, 잔디밭엔 석재 주초와 석물이 가득하다. 능을 그리 마음대로 옮겨도 되는진 모르겠다. 바람 좋은 날 소풍하기 좋은 장소인 이곳은 점심시간 세브란스 의료진들이 삼삼오오 쉬었다 간다. 100년인 '연세역사의 뜰'이 아니라 600년 '연희궁 역사의 뜰'이 되어야 하지 않을까.

세종은 1420년(세종 2년 음력 1월 2일) 이곳에 새로운 궁을 지으라고 명한다. 신궁을 무악 명당(明堂)에 지을 것이나, 크고 사치하게 하지 말고 백 칸을 넘게 하지 말라고 했다. 24세 때다. 이후 태종의 3년 탈상 직후인 1425년 이름을 '연희궁'으로 바꾸었다.

열여섯 번째
절기

추분 秋分

밤이 길어진다

'연희'라는 이름

밤이 길어지는 추분,
조상들은 가을걷이를 하고 밭작물을 거두었다.
버섯, 햅쌀, 늙은호박, 고구마순, 은행, 대하, 게, 오리송편, 토란탕…
먹을 것이 넘친다. 올벼도 나올 때가 되었다.

아메리카 인디언들은 9월 이 때를
'옥수수 거두는 달, 쌀밥 먹는 달, 어린 밤 따는 달,
도토리의 달, 도토리묵 해먹는 달…'이라고 불렀다.
그들이 붙인 이름이 더 매력적이다.

태풍의 생채기가 커서 농작물이 예년만 못하지만
밤이 길어지는 추분에 먹을 것이 부족하지는 않다.
옥수수 알갱이를 씹으며 길어진 밤 시간 '연희'를 찾고 센다.

저기도 있네. '연희'

연희궁의 위치를 추적하고 나니 '연희'라는 이름이 더 눈에 띈다.

몇 개나 될까?

또또또…. 그런데 '연희동'이 들어간 건 어쩌고.

연희동보다 연희가 더 오리지널이야.

세종이 '서이궁'을 짓고[1420년] '연희궁衍禧宮'이란 이름을 붙였다는 600
년 전[1425년] 세종실록의 기록이 '연희'의 시작이다. 문종 때 한자가 延禧
로 바뀌어 등장한다. 衍禧[연희]와 延禧[연희]는 혼용되었고, 연산군 12년[1506
년] 때까지는 衍禧가 더 자주 쓰이더니 중종 7년[1513년] 이후 延禧로 고착
되었다.

　세종은 훈민정음 창제 후 연희궁에서 머리를 식혔다. 세종실록을
들여다보면 그런 추론이 가능하다. 그는 왜 이 집을 짓고 이름까지 붙
였을까. 세종은 부왕을 위해 신궁新宮을 지었고, 태종의 탈상 직후 연
희궁으로 이름을 붙였다. 조선왕조실록엔 세종의 연희궁 행차와 이어
移御, 임금이 거처를 옮김가 매우 많았다. 1445~46년에는 아예 연희궁에서 살
았다. 문안을 드리러 세자가 하루가 멀다 하고 왔다. 세종은 훈민정음
을 만들고[1443년], 용비어천가를 완성[1445년]하였다. 훈민정음을 반포[1446년]
9월하기 직전의 기간을 온전히 연희궁에서 보냈다. 일생의 과업 '한글'
을 완성하고 궁에서 벗어나 공기 좋은 곳에서 훈민정음을 반대하던
신하들을 피해 머리를 식혔다. 결국 '연희衍禧'란 세종 자신이 살 집[이궁
이지만]에 붙인 이름이다. '연희'라는 이름은 희빈 장씨나 영빈묘의 흔적

보다 세종의 흔적이 깊다.

세종은 '연희衍禧'를 지으며 어떤 의미를 생각했을까.

· 衍연 : 넘치다 흐르다
· 禧희 : 복 기쁜 일 경사

스스로 머물 장소였으니 세종은 자신의 마음을 담아 이름을 지었을 것이다. 延禧연희가 의미하는 '복이 퍼지는' 뜻도 좋지만 '기쁜 일이 넘치는' 뜻이 더 와 닿는다. 골치 아픈 일이 많은 궁에서 벗어난 이궁은 '기쁜 일이 넘치는 곳'이길 바라지 않았을까. '연延'보다 세종이 지은 '연衍'이 개천川이 많았던 이곳에 더 적합하다. 연희동의 한자 이름을 세종이 지어준 대로 바꾸면 안 될까. '연희동衍禧洞'은 기쁜 일이 넘치는 동네다.

'연희'는 '연희동'?

1788년의 기록은 이렇다.

정조는 한성부 북부에 상평방常平坊 연은방延恩坊 연희방延禧坊을 신설하여… 연희방에는 아현계阿峴契 세교리細橋里1계 세교리2계 연희궁계延禧宮契 가좌동嘉佐洞1계 가좌동2계 성산리계城山里契 증산리계甑山里契 수색리계水色里契 휴암리계鵂巖里契 구리계舊里契 망원정望遠亭1계 망원정2계 망원정3계 합정리계合亭里契 여화도계汝火島契를 각각 두었다.

_『정조실록』12년 10월 16일

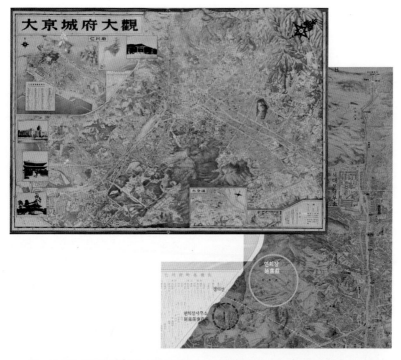

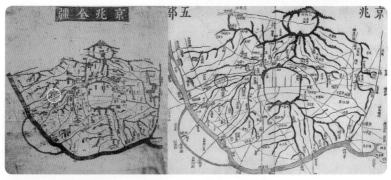

(상) '대경성부대관'의 '연희장' 주택지
(하) 1860년대 지도 속의 '연희궁'과 '고연희궁'

18세기 말 연희가 드디어 한양 소속으로 바뀌었다. 조선시대 기록에는 '연희'라는 이름보다는 '연희궁'이 주로 쓰였다. '연희 연희궁 연희궁계'라는 포괄적 이름이 쓰였으나, 정조의 연희방 신설로 광역의 '연희방'과 그에 속한 '연희궁계'로 정리된 셈이다. 그래서 '연희'라는 명칭은 고지도, 일제강점기 지도에 비교적 넓은 지역에 명기되었다. 대체로 조선시대의 '연희방' 지역이나 일제강점기 '연희면'의 영역에 붙여졌다. 지금의 연희동은 연희방 중에서도 '연희궁'과 '연희궁계' 정도가 해당된다.

> 연희궁계의 주변은 '궁동宮洞, 음월동陰月洞, 정자동亭子洞, 염동廉洞'등의 마을이 있었고[나무위키], '궁말, 대결재고개, 밤고개, 가재골, 큰말, 윗말, 삿갓굴, 청치맛골, 송장고개, 한달고개, 지레미고개, 벌고개' 등의 이름이 등장한다._ 김선태

'연희'라는 이름은 20세기 초 '연희방' 지역에 들어선 연희전문학교 延禧專門學校 1917년, 연희역延禧驛 1930~39년, 연희장延喜莊 1934년 등에 사용된다. '연희궁'은 사라졌지만 '연희'라는 이름은 남았다.

> 연희역은 현재의 서대문구 연희동에 있던 용산선의 역이다. 연희전문학교 학생들의 통학 편의를 위해 신설된 이 역은 연세대학교 정문 인근에 위치하였다.
> _위키백과, 철도청
> 1934년 분양한 연희장 주택지는 원래 왕실의 소유지였던 것을 카시이 겐타로라는 사람이 구입하고 연희장토지경영주식회사에서 개발한 주택지로 일제강점기 경성에서 개발된 주택지 중 최대 규모인 21만 평에 걸쳐 개발되었다.
> _이경아,『경성의 주택지』

연희장은 지금의 충현동 서쪽, 북아현로 22길 좌우 지역 전체다. '대경
성부대관1937년'에 '연희장' 주택지는 나대지로 표시되어 있고 택지를
분양한 '연희장사무소延喜莊事務所'가 지금의 '한성중학교' 근처에 있었
다. 연희방의 끝자락이다. 연희방은 延禧라는 한자를 사용하는데 연희
장을 분양하면서 아주 드물게 썼던 '延喜'를 붙인 것은 의아하다.

종합해서 보면 지금의 '연희동'은 1420년 연희궁 지역에서, 조선시
대 후기까지 양주군 소속으로 유지되고, 18C말 한성부 서부 연희방延
禧坊 지역의 연희궁계로 구체화되었고, 1914년 고양군 연희면의 연희
리로 이름이 바뀌고, 1936년 경성부로 편입되면서 연희정延禧町으로,
1943년 서대문구에 편제된 후 1946년부터는 지금의 연희동으로 고
정되었다. 세종이 짓고 이름 붙인 '연희궁'에서 시작된 '연희'를 지금
의 '연희동'이 독점하게 된 셈이다. 연희동으로서는 행운이다.

행정구역으로 굳어진 '연희'에는 '연희로' '연희맛로'라는 길 이름까
지 덩달아 생겼고, '연희'는 연희동의 고유명사가 되었다. 이름은 남아
서 오래 멀리 간다. 연희동에서 '연희'를 이름으로 내건 곳을 하나씩
찾았다. 그들이 역사와 세종이 이름 지은 의미를 알건 모르건 이름으
로 남게 된 것은 중요하다.

연희

연희견과 · 연희곰탕 · 연희기름집 · 연희김밥 · 연희다방 · 연희단팥죽 · 연희닭발 ·
연희동태찜 · 연희떡사랑 · 연희밥집 · 연희소반 · 연희수제비 · 연희양과점 ·
연희와인 · 연희일품향 · 연희찜닭 · 연희청과 · 연희축산 · 연희칼국수 · 연희커피 ·

연희골프 ·연희골프장 ·연희교회 ·연희노인요양센터 · 연희대공원 · 연희동물병원 ·

연희미용실 · 연희부동산 · 연희새마을금고 · 연희쇼파 · 연희스크린골프 ·

연희시니어스 · 연희안경 · 연희약국 · 연희어학원 · 연희열쇠 · 연희용달 ·

연희이비인후과 · 연희자원 · 연희조경 · 연희주택설비 · 연희중고가전가구센터 ·

연희중고차매매 · 연희중량 · 연희직업소개소건설인력 · 연희콜밴 · 연희헤어아트 ·

연희동

연희동간판 · 연희동건물외벽청소 · 연희동건물철거 · 연희동결혼정보 · 연희동교회 ·

연희동꽃배달 · 연희동누수탐지 · 연희동다마스퀵 · 연희동닥터 · 연희동도배장판 ·

연희동레미콘 · 연희동렌트카 · 연희동무선신용카드단말기 · 연희동방범창 ·

연희동부동산담보대출 · 연희동사다리 · 연희동사다리차 · 연희동성당 ·

연희동세무회계기장 · 연희동손칼국수 · 연희동솜틀집 · 연희동수도누수방수 ·

연희동수도설비해빙 · 연희동수리넷 · 연희동신협 · 연희동야식 · 연희동어닝 ·

연희동열쇠 · 연희동용달 · 연희동용달화물 · 연희동유리 · 연희동유리샷시 ·

연희동이사 · 연희동이삿짐센터 · 연희동인력 · 연희동인력파출부가정부 ·

연희동입주청소 · 연희동재활용센터 · 연희동족발보쌈 · 연희동중고가구가전 ·

연희동중고차 · 연희동중고피아노 · 연희동중고피아노조율 · 연희동창업상담 ·

연희동철거 · 연희동철거전문업체 · 연희동청소 · 연희동청소대행 · 연희동카드대납 ·

연희동컴닥터 · 연희동컴터수리 · 연희동컴퓨터노트북윈도우설치 ·

연희동컴퓨터수리 · 연희동컴퓨터출장수리 · 연희동콜밴 · 연희동퀵 ·

연희동퀵서비스 · 연희동크레인 · 연희동특수유리 · 연희동폐기물처리 ·

연희동폐기물처리업체 · 연희동폐차 · 연희동포장이사 · 연희동피아노 ·

동네에서 만난 '연희'

기타

건물 연희 · 연희빌딩 · 연희파크 푸르지오 · 연희프라자 · 연희궁빌라

공공시설 연희문학창작촌 · 연희동우체국 · 연희동주민센터 · 연희파출소 ·
연희초등학교 · 연희중학교남가좌동에 있다 · 연희역1930폐쇄, 서부선경전철 역이름 예정

길 연희로 · 연희맛로 · 연희삼거리 · 연희교차로 · 연희나들목

'연희'란 이름을 쓴 곳 50여 개, 연희동을 쓴 곳은 60여 곳이다. 많다. '연희'란 이름이 동네의 좋은 브랜드가 되면 좋겠다. '연희'를 모두 귀하게 쓰고 있는 것 같지는 않다. 세종이 지어준 연희衍禧란 뜻대로 '기쁜 일이 넘치고', '복이 퍼지는' 동네의 고유한 가치를 담으면 좋겠다. 그 정도가 될 때 '연희'란 인증마크를 부여하면 어떨까.

열일곱 번째
절기

한로 ^{寒露}

이슬이 내린다

달빛 걷기

밤이 길어진 추분을 지나 한로가 되니
찬 이슬이 내릴 만큼 쌀쌀하다.
가을이다.

가을 생선 미꾸라지로 만든 추어탕,
국화로 만든 국화주,
고구마, 대추 같은 먹거리가 제철이다.

뜨끈한 국물과 불을 피워 구운 고구마는
쌀쌀한 계절에 몸이 먼저 요구하는 것들이다.
추석에 영양 보충이 충분했으니 보양은 건너뛰어도 된다.

그래도 제대 휴가로 군 복무를 마무리한
아들이 사주는 저녁 식사는 흐뭇해서 거부할 수 없다.
소화를 겸한 밤 나들이로 안산을 오른다.

뜨거운 커피 한 통을 채워서.

주택이 많은 연희동의 골목은 상대적으로 차분한 분위기의 빛이 지배한다.

밤에 걸어보자.

그래.

보름 다음날 달이 더 크다고 했다. 나무 가득한 안산자락길. 구름이
가득해서 온종일 흐린 날이다. 달을 온전히 보여주지 않는 저녁 시간
숲엔 스멀스멀 어둠이 온다.

갑자기 암흑이 다가왔어.

처음엔 어둡더니 이제 눈이 편안해졌어.

지난번은 까만 강렬함인데 오늘은 무채색 느낌이야.

모든 게 자기 색을 감춘 것 같아.

보름달이 숨어도 천공의 빛만으로 걷기에 충분하다. 0 lux룩스. 조도를
표시하는 기기에 '0'이란 숫자가 뜬다. 0은 암흑 아닌가? 산길의 나무
바닥, 콘크리트, 흙 바닥이 달빛을 각자의 강도로 반사하며 안산의 밤
길을 안내한다. 0 lux가 이렇게 밝은 것이었나 싶다. 전문가들은 달빛
을 0.001 lux 정도로 본다. 눈은 기계가 알려준 0 lux보다 어두운 미세
함에 순응하기 시작했다. '메타세쿼이아 길' 한쪽에 앉았다. 침묵하며.

까아까악 찌르르찌르르 쐬아아

시각이 닫히면 다른 감각이 예민해진다. 자연의 소리 그리고 바람의
시원함에 커피 향과 맛까지. 오감이 열렸다. 나무로 데크가 깔린 넓은
쉼터는 눈이 내린 듯 달빛이 소복하다. 물만 달빛을 머금어 반사하는
게 아니다. 『열하일기』의 「일야구도하기―夜九渡河記」장면이 떠올랐다.
연암 박지원이 밤에 격류의 강을 건널 때 시각은 사라지고 청각만 남

(좌) 무장애코스로 7km 안산을 한 바퀴 도는 안산자락길은 달빛 걷기에 최적화된 곳이기도 하다.
(우) 안산자락길의 안쪽엔 가로등이 밤길을 안내한다. 밤에 홀로 움직이는 이들에겐 필요한 빛이다. 불빛이 없는 정적이 더 깊은 맛인데…. 밤엔 산도 쉬어야 하지 않을까.

앉다는 그 이야기.

> 요하遼河가 일찍이 울지 않는 것이 아니라 특히 밤에 건너보지 않은 때문이니, 낮에는 눈으로 물을 볼 수 있으므로 눈이 오로지 위험한 데만 보느라고 도리어 눈이 있는 것을 걱정하는 판인데, 다시 들리는 소리가 있을 것이다. 지금 나는 밤중에 물을 건너는지라 눈으로는 위험한 것을 볼 수 없으니, 위험은 오로지 듣는 데만 있어 바야흐로 귀가 무서워하여 걱정을 이기지 못하는 것이다. 나는 이제야 도道를 알았도다. 마음이 어두운 자는 이목이 누累가 되지 않고, 이목만을 믿는 자는 보고 듣는 것이 더욱 밝혀져서 병이 되는 것이다.
> – 박지원, 『열하일기』, 고미숙 번역

우리는 도를 깨닫진 못하고 까만 밤 달빛 걷기의 황홀함을 알게 되었다. 안산의 달빛 걷기는 걷는 매력의 끝판왕이다. 걷는 매력과 가을 안산의 매력이 함께 있다. 잃어버린 어둠의 가치가 살아난다. 몇 해 전 달빛 걷기를 만났고, 영광의 해안산책길에서 비슷한 느낌을 받았다. 숲속 산길을 걸은 것은 참으로 오랜만이다. 돌부리에 걸려 채인 아픔보다 공동묘지 곁을 지난다는 두려움이 컸던 어릴 적 지리산의 산길이 떠오른다. 반사된 0 lux의 빛을 따라 걸으면 어둠의 편안함과 황홀함을 맛볼 수 있다. 잃어버린 원시, 어둠의 아름다움, 빛의 소중함, 내면에서 올라오는 소리를 한 번에 만난다.

산 전체가 내 정원 같아. 아무도 없으니 더 그렇네.
어둠에 감히 핸드폰 카메라를 들이댔다. 삼각대도 없이 제대로 담을 수 없다는 것을 알면서 셔터를 눌렀다. 눈의 미세함에 마음의 느낌까

연희동 밤 풍경, 점점 밝아지고 있다.

지 더해진 상황을 대충 찍는 이미지로 재현할 순 없다. 마음에 간직하
는 것이 최선이다. 어둠을 찍는 사진은 없을까 하는 생뚱맞은 질문이
스친다. 오래전 조상들은 이 천공의 빛에 기대 산을 넘고 마을을 오갔
다. 화가 강요배는 '달이 메밀밭을 비추는 것이 아니다. 메밀밭이 달을
비춘다'며 서로를 비추는 달과 꽃을 그렸다. 달에 비친 안산의 숲도 그
런 모습이다.

가까운 도심,
안전이 담보되고,
익숙한 길이며,
깊은 어둠이 쌓인 곳.

달빛 걷기는 그런 조건을 갖춘 곳이면 어디든 괜찮다. 까만 어둠 천공
의 빛에 의지해서 걸으려면 바닥이 편안한 경사로가 이어진 구간이 적
당하다. 발에 전달되는 미세한 촉감과 소리도 느끼면 더욱 좋다. 무장
애 코스로 7km, 산을 한 바퀴 돌 수 있는 안산자락길은 이런 조건이
잘 갖춰졌다. 가을 어둠이 내리는 시간, 몸만 가면 된다. 모기 이놈을
조금 견딜 각오만 하면 된다.
  멀리 핸드폰 불빛이 다가온다. 어둠을 즐기러 오는 동네 사람들이
다. 이 맛을 아는 고수들이 분명하다. 달빛 걷기는 아는 이들만 즐기
도록 남겨 두기에 근사함이 너무 깊다. 생태계를 교란하지 않고 흔적
없이 들렀다 가는 맛을 많은 이가 알게 되면 좋겠다. 달빛 걷기는 어
둠을 잃은 현대인이 맛봐야 할 멋진 선물이다.

  달빛 걷기 예찬을 곁에서 듣던 아들은 '완전군장하고 그런 길을 몇 시간 걸어보세요. 토가 나와요. 이 길 언제 끝나나….' 군인의 시선은 아주 다르다. ㅎㅎㅎ

안산
달빛 걷기 | 0 lux를 따라 걷는 길

가을 저녁 일몰이 시작된 시간 안산자락길을 걷자. 흙길과 나무데크가 깔린 길이 달빛을 반사하며 당신을 부른다. 0.001 lux의 달빛을 따라 걷는 동안 어둠의 편안함과 황홀함을 맛볼 것이다. 잃어버린 원시, 아름다운 어둠, 소중한 빛 그리고 내면에서 올라오는 소리가 그곳에 있다. 당신을 초대한다.

때 일몰시간추분 서울 6:50~7:20, 특히 가을 추천.
소요시간 30분 ~ 2시간
장소 안산자락길도심이 아닌 숲이나 바닷가, 가로등이 없는 곳도 괜찮다
조건 평평하거나 걸림돌이 없는 경사로. 숲속 흙길, 목재데크로 깔린 길이 좋다.
인원 혼자가 최고, 무섭거나 말벗이 필요하면 둘이.
준비물 핸드폰비상용 조명, 커피, 음악/소리 off.
방법 침묵 속에 천천히 걷기
기타 모기 기피제를 몸에 뿌리고 걷기

열여덟 번째
절기

상강 霜降

서리가 내린다

찬 소리

이슬이 서리로 바뀌고 있다.
온도에 예민해지는 때다.
커피잔을 든 새벽, 손이 시리다.
요즘은 잃었던 가을의 시퍼런 색이 귀환한 것 같아 좋다.
코로나19가 가져다준 유일한 기쁨 아닐까.

제주 화가 강요배는
'서리 내리는 상강의 하늘에는 고공에도 빠른 바람이 분다.
한기가 있기 때문'이라고 한다.
그 한기에 먼 소리가 실려 온다.
빌빌거리는 몸은 그 소리를 들으며
계절 음식인 홍시나 겉절이 대신 개소주를 반긴다.
좋다고 믿으니 기운이 나는 것 같다.

동네를 대표하는 소리가 있을까.
그런 게 있어?

날이 차가워지니 소리는 멀리서 온다.
새와 벌레들의 재잘거림
골목의 개 짖는 울음
연희맛로의 호객 소리
홍제천의 폭포소리
정자에서 마주하는 빗소리
안산과 홍제천을 산보하는 발걸음
도로를 달리는 바퀴들의 마찰음
공사장에 레미콘을 쏟는 진동
경의선을 달리는 기차의 규칙적인 리듬

발걸음 소리가 연희동을 대표하는 소리면 좋겠다. 거기엔 일상을 살아내는 고요하고 반복적인 힘이 담겨 있다. 지구의 탄생 이후 공기는 모든 소리와 장면을 담고 있다고 했다. 그래서 기氣가 센 장소, 역사의 흔적이 깊은 장소에 가면 무거움이 느껴졌는지도 모른다. 연희동의 찬 공기도 그럴 것이다.

이제 새벽의 서늘함을 즐길 때가 왔어.
'상강'이래.

(상) 작은 새들의 소리와 움직임을 보려고 옥상에 먹이를 뿌려두지만 까마귀와 까치, 산비둘기가 먼저 바
글거린다. (하) 연희동의 남쪽을 지나가는 경의선 기차 소리

깍깍깍깍…

새소리가 새벽을 연다. 새벽은 새들의 소리로 채워지는 시간이다. 어둠을 밀어낸 자리는 그들 차지다. 서늘함에 실려 온 그 소리에 몸은 잠을 끌고 기어이 밖으로 나간다. 작은안산의 중간엔 유독 지저귐이 많은 곳이 있다. 숲이 우거진 것도 아니고 열매나무도 별로 없는데 그 자리는 늘 새소리로 가득하다. 이유를 알기 어렵다. 공기의 미세한 차이로 길을 찾아가는 에스키모인들을 생각하면 자연의 미세함을 감지하는 새들의 감각을 우리가 알 길 없다.

새와 벌레들도 분명 자신의 말을 할 것이다. 동물과 대화를 했다는 프란치스코 성인의 경지가 아니라면 호모사피엔스가 알아들을 수 없을 뿐이다. 새들의 말을 모르니 더 좋게 들리는 건 아닐까. 그 숲에 서면 '바람은 스스로 소리를 내는가'라는 의문이 든다. 우문에 현답이 없어도 숲의 소리와 촉감은 참 좋다. 겨우 그 말밖에 떠오르지 않아 답답하지만 그래도 좋다.

밝아지기 시작하면 70dB데시벨이 넘는 도로변의 차 소리가 시작된다. 늘 불쾌하다. 소리와 소음의 경계는 어딜까. 소리는 40dB이면 신체에 영향을 주기 시작해서 수면의 질이 낮아진다. 60dB 이상은 수면에 장애가 되고, 70dB 이상은 실질적으로 귀에 거슬린다. 소음진동관리법은 생활 소음과 진동의 규제 기준을 아침저녁, 주간07~18시, 야간22~05시의 구간으로 나눠 주거지역에서는 공사장 60·65·50dB, 확성기 60·65·60dB의 기준을 지키라고 한다. 그러나 일상생활에서 소리와 소음은 절대적인 크기보다 상대적인 크기가 더 중요하다. 싫은 소리는

동네의 말 없는 소리들

아무리 작아도 소음으로 느낀다.

택배 차량과 이어지는 벨 소리가 골목을 넘어 내게로 온다. 택배를 기다리는 이에게는 반가운 소리지만 낮잠의 고요함을 깨우면 소음이 된다. 소음측정기를 꺼냈다. 새와 찌르레기들의 소리는 50~55dB, 생각보다 크다. 소음 기준을 들이대면 새소리도 규제 대상이 된다.

골목을 걸으면 외치지 않아도 전해지는 여러 소리를 만난다. 아니, 본다.

· '학생, 빈방 있어요.' 포스터에 새겨둔 글귀가 누군가를 부른다.
· 안산자락길의 노천 사찰에서 절하는 이들의 움직임. 침묵하며 지나가라는 고요한 경고다.
· 자연사박물관의 벽을 뚫고 나오려는 공룡의 울부짖음. 표정이 말을 한다.
· '벌금 백만 원'이라는 전봇대의 경고. 무슨 말인지 알겠다.
· 담장에 기어 나 좀 살려달라는 나무의 아우성. 식물의 소리다.
· 연탄재를 부수지 말라며 그린 그림. 무언의 말이 울림을 준다.

이런 소리들은 국가가 통제하는 소음 기준보다 마음에 더 깊이 박히는 동네의 소리다.

딩동!
경찰입니다. 민원 들어왔습니다. 조금만 소리를 줄여주세요.
아이쿠. 죄송합니다.

상강엔 소리보다 침묵하는 연습을 해야겠다.

마흔세 번째 동네를 돌던 날 비가 내렸다. 산행 대신 처마 밑에서 빗소리를 들으며 고기를 구웠다. 낮부터 이어진 도수 높은 술병이 하나씩 빈다. 고량주40도 , 삼해주71.2도 …. 술병이 쌓이자 소리가 높아졌다.

민원 들어 온 거야?
응. 경찰 왔다 갔어.
두 번째다. 전○○의 목소리, 김○○의 울림, 강○○의 잔잔함, 박○○의 외침…. 나의 칼칼한 소리까지 쩌렁거렸으니 출동해도 이상할 것이 없다. 얼마 전 아들의 친구들이 제대 기념 파티를 한 날도 경찰이 다녀갔다. 녀석이라고 목소리가 고요할 리 없다. 내 목소리는 얼마나 클까? 70dB을 오르내린다. 약간 흥분하면 80dB에 가깝다. 공사장 소음 기준이 65dB이니 내 목소리는 진정한 소음이다. 살구나무집에 사는 건축가 K는 나를 '개마고원'이라 부른다. 그 정도 높이에서 나는 소리라는 뜻일 게다.

'꽃을 헤매던 벌들이 창호지 문에 콩콩 부딪히는 소리를 듣기 위해 꽃을 키운다.'는 말을 들었다. 나도 마당에 식물이 자라는 소리를 듣고 싶고 불멍 화덕에서 일렁거리는 불꽃 소리를 듣고 싶다.

먼저 자기 목소리부터 좀 낮추지.
상강의 찬 공기 같은 아내의 소리가 비수처럼 꽂힌다.

(상) 안산 노천 사찰 보련사에서 절하는 신도들. 침묵하며 지나가라는 경고 같다.
(하) 동네 축제의 소리, 가을마다 열리는 이맘때 사람들의 소리가 그립다. 연희로15안길의 연희동자치회관 앞

맑고 깊으면
차가워도 아름답네
침묵이란 우물 앞에
혼자 서 보자

때맞춰 도착한 해인 수녀님의 카카오톡 메시지에서 '침묵'의 시가 눈
에 꽂힌다. 상강엔 침묵을 연습해야겠다.

홍제천의 빗소리

열아홉 번째
절기

입동 立冬

겨울의 시작

1번지를 찾아서

입동, 단어만으로도 몸이 움츠러든다.
4℃, 입동은 김장의 시간이다.

심한 일교차의 중심에 김장 온도가 있다.
우리 집도 아직은 김장이 중요 연중행사다.
1년의 맛을 지배하는 것이라 정성과 힘을 쏟아야 한다.
아내는 목에 힘이 들어가며 바빠지고,
보조인 나는 그걸 놓치면 안 된다.

추위가 본격화되는 입동 때 조상들은
어려운 노인들에게 갹출한 쌀 '치계미推鷄米'를
선물로 주는 미풍양속을 실천했다고 한다.

우리는 쌀 대신 김장김치를
주변에 나누는 일이라도 해야겠다는 생각이 든다.
언젠가 연희궁 앞뜰에 심었다는 고추를
우리 집 김장 양념에 넣을 날을 고대하며,
북풍이 시작된 날 안산을 넘어 1번지를 다시 찾았다.

연희동 경계선

연희동 1번지

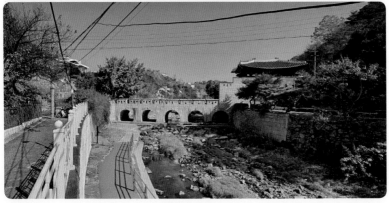

(상) 뾰족하게 남은 연희동 1번지. 연희동 1번지는 연희동의 북쪽 경계이기도 하다. 차를 위한 도로 확장은 지번의 입장에서는 가혹하다. 특히 산이 많은 우리에겐. 주인공은 늘 차였다. 이젠 바꾸자. (하) 홍은동 1-1번지(왼쪽 성벽 아래)와 홍제동 1-1번지(홍지문 앞). 탕춘대성과 홍지문이 이어진 홍은동 1-1번지와 홍제동 1-1번지가 홍제천을 마주보고 있다. 서대문구에서 가장 아름다운 1번지다.

왜 연희동 1번지가 여기 있어?

그러게….

처음 동네의 경계를 찾아다니던 날, 남아있는 연희동 1번지가 반가웠지만 생뚱맞게 홀로 있는 이유는 궁금했다.

1번지가 왜 이렇게 되었지?

4차선 도로인 모래내로의 북쪽에 홀로 남겨진 '연희동 1번지'가 연희동의 북쪽 끝이다. 연희동의 경계가 큰 도로가 아닌 이곳이다. 홍제천에서 안산을 넘어가던 길의 안쪽에 있던 1번지는 1978년 도로가 넓어지고 직선화되면서 잘려서 홀로 남았다. 산을 깎아 만드는 도로는 언제나 땅에 가혹하다. 길과 옹벽이 동네를 단절시킨다. '편하게' '연결'한다고 하지만 사람이 다니는 길은 오히려 단절된다. 개발의 주인공은 늘 차량이다. 그게 당연하다고 여긴다. 수십 년간 도로의 양을 늘리고 직선화했지만, 서울의 자동차 평균속도는 시속 23.8km다. 서현 교수는 100년 전 마차馬車의 속도와 크게 달라지지 않았다고 꼬집었다.

　　그나마 연희동 1번지는 살아남았다. 예각이지만 집을 지을 만큼은 남았다. 지적 정리의 원칙에 따르면 분번이 되더라도 원지번을 남겨둔다. 다른 동네의 1번지들은 그대로 있을까?

다른 1번지도 찾아보자.

연희동의 경계를 넘어 이어진 길을 따라 걷는 범위를 넓혔다.

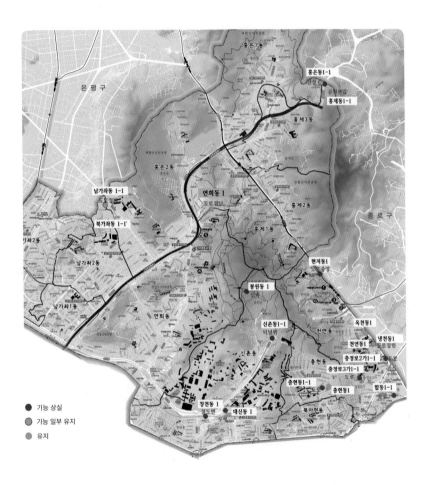

● 기능 상실
● 기능 일부 유지
● 유지

서대문구의 1번지들. 연희동 1번지는 도로에 잘렸지만 북쪽 끝에 홀로 남아있다.

홍제천 북쪽으로 평창동까지

홍제천 남쪽을 따라 마포농수산물시장까지

연희맛로에서 절두산성당으로

경의선숲길을 따라 용산 국립중앙박물관까지

금화터널을 지나 영천시장으로

연세대 이화여대를 넘어 아현동까지

안산을 넘어 덕수궁과 명동성당까지

연희동이 속한 서대문구엔 14개의 행정동과 21개 법정동이 있다. 연희동, 신촌동봉원동 대신동 대현동 창천동, 홍제1·2·3동홍제동, 홍은1·2동홍은동, 남가좌1·2동남가좌동, 북가좌1·2동북가좌동, 천연동현저동 영천동 옥천동 냉천동, 충현동충정로2가/3가 미근동 합동 북아현동, 북아현동이다.

행정구역이 바뀌고, 땅이 통폐합되고 대규모 개발이 진행되면서 동의 이름과 경계가 바뀌어 왔다. 1번지들은 사라지지 않고 흔적이 남아 스스로 그 이야기를 하고 있다.

서대문구의 1번지 현황 ★있음 ☆사라졌거나 기능 상실

★ 연희동 1 = 있음. 도로 확대로 잘림.

☆ 신촌동 1-1 = 있음. 금화터널이 뚫리면서 경사지에 겨우 남음.

옛길의 흔적이 있음.

★ 봉원동 1 = 있음. 안산 중턱에 전田으로 남아있음. 봉원사의 일부임.

☆ 대신동 1 = 있음. 도로와 육교의 접속부로 남아 있음.

☆ 대현동 1 = 없음.

(상) 신촌동 1-1번지. 금화터널이 뚫리면서 산의 경사지에 겨우 남았다. 살펴보면 처음 부여된 지적 번호는 '북서에서 남동'이라는 지금의 원칙과 다르다.(1912년 토지조사령 시기로 추정) 1번지는 산의 정상에서 시작되거나 인접한 동의 경계를 마주하며 번호가 시작된다.

(하) 대신동 1번지. 도로와 육교의 접속부로 남아있다.

☆ 창천동 1 = 있음. 경의선 철로 언덕 위. 구 연희역 자리로 추정됨.

☆ 홍제 1-1 = 있음. 홍지문 앞의 공원이 되었음.

★ 홍은 1-1 = 있음. 탕춘대성 성벽에 붙음. 축대와 터가 남음.
　　　　　　　　풍경이 아름다운 1번지

★ 북가좌 1-1 = 있음.

★ 남가좌 1-1 = 있음. 도로에 잘린 땅은 옆 대지와 합쳐져 건물이 들어섬.

☆ 현저동 1 = 있음. 통일로 확장과 서대문역사공원 정비로 도로 중앙에
　　　　　　　흔적만 남음.

★ 천연동 1 = 있음.

★ 옥천동 1 = 있음. 영천시장 입구. 천연동 1과 옥천동 1이 골목을
　　　　　　　마주보고 있음.

☆ 냉천동 1 = 있음. 골목의 도로 위. 도로로 잘리면서 1과 1-1로 분리됨.

☆ 영천동 1 = 없음.

★ 충현동 1북아현동 1 = 있음. 다가구주택

☆ 충현동 1-1 = 있음. 사도 일부로 남음.

☆ 미근동 1 = 없음.

☆ 합동 1-1 = 있음. 도로 위. 경의선으로 잘려나가고 길 위의 공터로 남음.

☆ 충정로 2가 1-1 = 있음. 도로하나은행 앞 인도와 1차선

☆ 충정로 3가 1-1 = 있음. 도로경서교회와 금화도서관 사잇길

서대문구의 1번지들은 남아있긴 하지만 제대로 유지된 곳이 별로 없다.

지번은 지번 부여 지역을 단위로 하여 북서에서 남동으로 순차적으로 부여한다.
그리고 분할할 때에는 분할된 필지 중 하나를 원래 지번을 사용한다.
– 한국토지정보시스템

원칙은 이런 데 왜 이리 많이 사라졌을까. '영천동, 대현동, 미근동'은 1번지가 사라졌고, '신촌동, 대신동, 창천동, 홍제동, 현저동, 냉천동, 대신동, 충정로2가, 충정로3가'는 도로나 공원으로 바뀌어 서류상으로만 존재한다.산1번지 – 연희동·신촌동·봉원동·홍제동·홍은동 – 는 안산 인왕산 북한산의 지번으로 비교적 온전하다 서대문구의 21개 법정동 중에서 1번지가 '대지'의 기능으로 살아 있는 곳은 7곳 뿐이다. 그곳도 도로에 잘려서 겨우 남아있다. 서대문구는 조선시대 사대문의 바깥이며, 일제강점기 경성부의 서쪽으로 비교적 늦게 도심에 편입되어 땅의 변화가 단순한 곳이다. 그러나 1970·80년대 팽창하는 도심의 길목이었기에 변화 폭이 컸다. 그 흔적이 고스란히 1번지에 있다. 경의선 철도가 생기며, 도심을 통과하는 터널과 고가가 만들어지며, 도로가 확장되며 하나씩 사라졌다. 역사가 지워지는 것은 전쟁보다 개발의 영향이 훨씬 크다.

지번은 어떻게 정해진 거야?

조선시대의 주소체계는 집집마다 건물번호를 부여하고 5개의 집이 모이면 1개의 통으로 묶는 오가작통법을 사용했습니다. 1910년 일제강점기에 들어 과세 및 토지 수탈을 목적으로 실시한 토지조사사업으로 필지마다 지번이 부여되었고…. 지번을 주소로 사용하는 100여 년 동안 지번은 도시화·산업화 등 각종 개발 및 토지의 분할·합병으로 인하여 주소로서의 체계성과 순차성이 훼손되어 지번으로 건물의 위치를 정확히 표현하기 곤란해졌습니다. 이와 같은 지번체계의 문제점을 개선하기 위하여 새로운 주소방식 도입이 필요했습니다.

행정안전부는 도로명주소의 도입 설명을 이렇게 설명하고 있다. 그래서 '연희동 1번지'는 '송죽길 19-3번지'가 되었다. 새로운 지번은 그나마 있던 역사와 땅의 흔적을 완전히 소멸시켰다. 장소가 속한 기억을 지웠다. 지번이 일제의 토지 수탈의 잔재이며, 체계성과 순차성이 훼손되어 도입했다는 도로명주소는 정말 필요했고, 잘한 일인가?

1910년 토지조사법근대 지적의 시작, 1912년 토지조사령18가지 지적 구분, 1914년 토지대장규칙, 1920년 임야대장규칙, 1950년 지적법일제강점기 토지 관련법 통합, 2009년 측량·수로 조사 및 지적에 관한 법률, 2014년 공간정보의 구축 및 관리 등에 관한 법률….

시대가 변하고 관계가 복잡해지고 기술이 발전하면서 땅에 관한 법은 바뀌어 왔지만, 근간은 2차원 도면이다. 도로와 개발, 땅의 구획은 모두 이를 바탕으로 진행되었다. 우리나라는 경사지가 많고 산지가 대부분이다.

'싹쓸이 재개발, 도로명 주소, 창씨개명'은 닮았다. 과거를 지우고 새것이 좋다는 논리와 방법. 슬프다. 안으로부터의 필요가 아니라 밖으로부터 강제 유입, 선진국의 방법이 정답이라는 발상은 오랫동안 학습되어 문제를 인식하지 못할 정도가 되었다. 이제 돌아보고 멈춰서 우리 방식을 찾을 때가 된 것 아닐까. '누구를 위해', '왜' 하는 것인가라는 질문에 상식으로 공감할 답이 필요하다.

서대문구 옆에 붙은 다른 지역의 1번지는 어떨까?
어쩌려고 그래, 참아줘.
서대문구엔 은평구·마포구·종로구·중구가 이어진다. 서울시엔 522

(상) 탕춘대성의 성벽에 기댄 홍은동 1-1번지. 빈 땅에 자라는 농작물이 평안해 보인다. 출입금지 푯말이 1
번지를 보호하고 있는 느낌이다. 집은 사라지고 축대만 남았다. 도성 정비의 흔적이리라. 한양도성의 서성
으로 북한산성 사이의 빈곳을 채우는 역할을 했던 탕춘대성과 홍지문이 이어진 홍제동1-1번지와 홍은동
1-1번지는 홍제천을 마주보고 있다.

(하) 옥천동 1번지. 영천시장 입구에 있다. 골목을 마주하고 천연동 1번지와 옥천동 1번지는 붙어 있다.

개 행정동과 472개 법정동이 있다. 2016년 기준으로 전국의 지번은 968,921개, 전국의 동사무소는 2,765개다. 참자. 특히 종로구, 중구는 동이름의 무덤이다. 오죽했으면 종로구가 1396년부터 현재까지 87개 동이름 변천사와 5만 2,086필지의 지번변경 확인을 위해 인터넷서비스를 만들었을까. 범위를 넓혀서 알아볼까 하던 생각을 접었다. 그래도 궁금하긴 하다. 아니면 경성부관내지적목록의 1번지라도….

   1번지의 운명은 대체로 슬프다. 도로에 묻힌 1번지의 신음소리가 들린다. 그들은 남겨진 게 아니라 버티고 있는 것 같다. 이제 제발 땅 좀 존중하라는 외침을 하면서.

스무 번째
절기

소설 小雪

얼음이 언다

고쳐쓰기

얼음이 얼 때다.
소설.

그런데 첫눈 소식 대신 많은 비가 내렸다.
손돌바람에 등골과 손이 시리다.
우리는 큰 섬에 가서 귤을 땄다.

겨우내 과일의 주인공은 녀석이다.
수급 조절을 위해 정부는 돈을 줘가며
미깡나무를 솎아내고 온난화로 제철 과일이 변해가지만,
겨울의 중심에는 귤이 있다.

든든하다.

연희동 433-10번지 집을 고친 보라다방의 옥상 풍경. 연희동에서 가장 큰 주택 중 하나였던 이 집은 단독
주택에서 다가구주택으로 다시 근린생활시설로 쓰임이 바뀌었다. 솜씨 좋은 이들이 빌려서 새로운 쓰임을
찾아 넣어 살렸다. 그 지점이 좋다. 마당과 나무, 집의 모습은 50년 전 그대로다.

차관 집 고친 데 가보자.

보라다방?

일요일 낮, 옥상이 바글바글하다. 콘크리트 난간에 커피잔을 올려두고 동네를 바라보며 수다를 떤다. 먹기보다 사진 찍기에 바쁘다. 높이 50cm의 콘크리트 난간에 60cm 금속 난간이 덧대어 올려졌다. 50년 전의 것에 현재의 것이 더해졌다. 1972년에 지어진 이 집은 법무부 차관을 지낸 이가 짓고 살던 곳이다. 땅 233평에 200평이 넘는 큰 집 지하엔 집사 가족의 공간이 딸려있다. 그 시대 삶의 흔적이다. 연희동에서 가장 큰 단독주택 중 하나로 2004년엔 다가구주택으로, 얼마 전엔 영상스튜디오, 전시장, 카페 용도의 근린생활시설로 바뀌었다. 솜씨 좋은 이들이 빌려서 새로운 쓰임으로 살렸다. 유지하면서 바꾼, 그 지점이 좋다. 마당과 나무, 집의 모습은 50년 전 그대로다.

이 집은 원래 미술관으로 지었던 거야.

그런데 교회가 됐네.

이 집도 스튜디오로 바뀌었네.

건축상까지 받은 집인데 카페가 됐어.

여긴 애완견 놀이터로 변신했고, 저곳도 공방이 됐어.

앞골목 뒷골목의 주택 여러 곳이 스튜디오로 바뀌었다. 반려동·물의 사진과 영상을 많이 찍는다. 크고 오래된 주택은 유튜브 방송과 SNS용 촬영에 적당한 장소다. 동네의 집들은 카페며 공방으로 빠르게 변신 중이다. 이런 고쳐쓰기는 자연스러운 변화다. 주인이 바뀌고 세대가 변하고 쓰임이 필요가 달라지고 집이 노후화되면 자연스레 이루어

연희중앙교회로 바뀐 연희조형관. 미술관의 구성이 작은 교회의 프로그램과 이렇게 유사할 줄이야. 용도
는 완전히 새로운 것이지만 외관은 건립 당시 그대로다.

지는 일이다. 여러 채를 합치거나 큰 자본이 투입되는 인위적 개입만
없다면 오래된 집의 고쳐쓰기는 자연스럽게 진행된다. 대부분 집과 동
네는 수십 수백 년간 그렇게 변해왔다. 그런데 언제부터인가 '낡은 집
은 부수고 여러 땅을 합쳐서 크게 새로 지어야 한다. 그래야 깨끗하고
좋은 동네가 되고 집값도 올라간다.'라는 개발 프레임이 동네와 도시
를 지배하기 시작했다. 누군가 정해둔 자본의 논리에 갇혀 도시와 집
은 신음하고 있다. 그 틀엔 '왜?', '누구를 위해?'라는 근본적인 질문
이 없다.

연희동에 지은 지 50년 이상 된 집은 256채, 40년 이상은 1,560채로
전체 건물의 40%에 달한다. 30년 이상으로 범위를 넓히면 60%가 넘
는다.2020년 3월 연희동의 건물 수는 3,876채다 연희지구 토지구획정리사업이 진행된
1970~80년대에 집중적으로 지어졌다.

　집의 쓰임은 영원할 수 없다. 한 세대만 넘겨도 새로운 필요를 마주
하게 된다. 연희동엔 건물의 외형을 유지하면서 용도를 바꿔 쓰는 변
화가 눈에 띈다. 쉽고 빠르고 저렴하게 그리고 예전 느낌을 그대로 유
지하며 쓰임을 바꾸는 방식이다.

· 연희동 92-26번지1987년_ 미술관이 교회로 연희조형관 · 연희중앙교회
· 연희동 125-7번지1970년_ 주택에서 빵집으로 폴앤폴리나
· 연희동 433-6번지1970년_ 주택이 카페와 사옥으로
· 연희동 133-18번지1972년_ 주택이 미용실로
· 연희동 433-10번지1972년_ 주택이 스튜디오와 카페로 보라다방
· 연희동 200-42번지1972년_ 주택이 스튜디오로

주택에서 카페가 되었다가 무언가로 변신을 기다리는 건축가 김중업이 설계한 붉은 집. 부수지 말고 변화
되었으면.

· 연희동 273-9번지|1973년_ 주택이 카페로 연희대공원
· 연희동 132-32번지|1974년_ 주택이 소매점들로 가라지가게와 책방
· 연희동 189-2번지|1984년_ 주택이 카페로 건축가 김중업이 설계한 주택
· 연희동 218-15번지|1988년_ 근린생활시설 연남장
· 연희동 90-1번지|2002년_ 주택이 카페로 양광찬란 - 콘하스
⋮

연희동에서 고쳐 쓰는 집을 표시하는 지도를 만들다가 멈췄다. 너무
많다. 이들은 쓰임은 바뀌었지만 '건축물대장'의 용도는 그대로다. 쓰
는 입장과 행정의 입장이 다르다. 집을 다용도로 바꾸면서 쓰는 것은
당연하다. 현재 건축물의 용도는 관리, 분류, 세금, 안전 등의 이유로
딱 한가지로만 제한된다. 집은 집으로만, 상점, 일터, 생산지, 휴식지,
운동 시설은 그것으로만. 한 곳엔 하나의 용도만 허용된다. 집이 사무
실이 될 수 없다. 왜 그래야만 하는가? 집을 '적법'하게 다른 용도로
바꾸는 것은 무척 번거롭다. 다시 원래 용도로 되돌아오려면 불가능
한 경우도 있다. 새로 짓는 집만큼 어렵기도 하다.

공간과 건물의 다용도, 복수 용도를 허용하도록 해야 한다. 공간
을 하나의 용도로만 제한하면 도시는 더 많은 건물이 필요하고, 엄청
난 거리를 움직여야만 하는 원인이 된다. 이미 집도 건물도 넘친다. 그
런데 제도는 새로운 쓰임이 필요하면 기존건물을 허물고 새로 짓는 것
에 맞춰져 있다. 오래도록 인류는 한 공간을 다용도로 써 왔다. 동네
의 변화를 보며 그 고민을 하게 된다. 가능한 한 고쳐 쓰고 다용도로
쓰게 하자.

연희동성당의 고쳐쓰기. 1971년 건립된 성당은 1986년에 큰 수리를 했고, 다시 35년이 흘러 원래대로 복귀했다. '상징성 큰 건축이므로 재건축보다 보전'이라는 천주교서울대교구의 지침이 큰 역할을 했다. 노령화로 성당엔 엘리베이터를 추가했지만 원래 모습을 유지했다. 격자무늬 종탑을 복구하고, 성당 내부 구조와 바닥을 원래대로 환원시켰다. 모습이 유지된 기능의 개선, 신자들은 환영한다.

'연희동성당은 상징성 큰 건축이므로 재건축보다 보전', 천주교서울대
교구의 지침이 반가웠다. 우리가 다니는 성당 이야기다. 어르신 신자가
늘어나고 오래된 성당이라 엘리베이터를 추가했지만 원래 모습을 유
지했다. 여러 곳을 고쳤지만 성당은 처음 지어진 모습대로 종탑의 디자
인을 복구시키고 성당 내부의 구조와 바닥을 원래대로 환원시켰다. 오
래된 모습이 유지된 성능의 개선에 신자들은 환영했다. 지독한 논의와
시간이 필요했지만 방법은 있다. 의지와 태도가 그것을 결정한다.

　　1971년 지어진 연희동성당은 1986년에 큰 수리를 했고, 다시 35
년이 흘러 원래 모습대로 복귀한 셈이다. 건축사면허 1호 '김재철' 건
축가의 디자인으로 땅을 기증했던 친척이 그를 건축가로 지목했다.
1967년 '연희지구 토지구획정리사업'을 진행하며 연희교차로가 생기
고 묘하게 성당이 지어질 땅이 생겼다. 그곳에 들어선 서울 서부지역
의 거점 성당이다.

　　연희동엔 오래된 집을 잘 고쳐 쓰는 곳이 많다. 연희동에서 가장
오래된 건물 '언더우드가기념관1927년'은 전쟁의 포격으로 지붕이 없어
진 집을 복구해서 전시관으로 쓴다. 학교의 안목이 반갑다. 사러가 곁
의 정음철물은 '1993년부터 연희동의 사랑방이었던 정음전자를 새롭
게 해석하여 만든 건축 및 디자인 크리에이터를 위한 동네 철물 편집
상점입니다.'라는 문구를 걸었다. 같은 장소에서 그 간판을 달고 지금
시대에 필요한 '물건과 서비스'를 제공한다. '사러가1970년'는 연희시장
으로 쓰던 두 건물의 통로를 덮고 외관을 바꿨지만, 장소의 기능은 그
대로 지속하고 있다. 시장인 덕에 단층건물 건폐율 100% 건물의 특
수성을 누린다.

오래된 건물을 쓰임에 맞게 바꿔 쓰고, 고쳐 쓰는 것은 당연하고 바람직한 방법이다. '그 자리'에 '그 모습'으로 유지된다는 것은 동네의 풍경과 삶의 터전이 안정적으로 작동되는 원천이다.

건축법은 지은 지 15년 이상 된 건물을 고치면 새로 짓는 집에 적용하는 까다로운 제한을 몇 가지 풀어준다. 조경, 공개공지, 건축선, 건폐율, 용적률, 대지안의공지, 높이, 일조권 등…. 그런데 그것은 새로 지으려는 욕구를 돌릴 만큼 실질적인 혜택은 아니다. 그리고 악마 같은 세부규정이 곳곳에 숨어있다. 행정가들이 그걸 놓칠 리 없다. 에너지 손실을 없애라는 '단열규정', 튼튼하게 지으라는 '내진설계', 장애인을 고려하라는 규정, 화재에 완벽하게 대응하라는 '소방설비' 등 집에 대한 제한은 급속히 강화되었다. 필요를 넘어 과도하다. 집을 고쳐 쓰려고 해도 이들의 세부규정을 보면 부수고 새로 짓는 게 편하다는 생각이 든다. 안전 확보와 지구온난화방지를 위한 CO_2 감축이 목표지만 각 부처가 누더기로 고친 규정은 현실적이지 않다. 이것이 과연 에너지를 적게 쓰고 안전 담보에 적합한 것인지 알 길이 없다. 사고가 났을 때의 책임을 건물에 뒤집어씌우고 있다. 우리가 사는 세상은 새로 지을 집보다 이미 지어진 집이 많다. 규정은 그것을 먼저 생각해야 한다. 바꿔쓰고 고쳐가며 오랫동안 쓸 수 있도록 실질적으로 고려되어야 한다. 상식이다.

연희동엔 반지하 차고에 경사 지붕을 올린 불란서 주택이 많다. 이런 주택을 고쳐서 상업공간으로 만드는 곳이 늘었다. 차고가 있는 반지하를 적극적으로 고치면 2층 건물로 3층 효과를 낼 수 있다. 높은 마당의 흙을 걷어낸 차고 자리는 도로변에 접한 상업 시설이 되고, 위층 부분의 집엔 처마와 발코니, 외부 계단을 덧붙여 상업적인 필요로 늘린다. 누군가 법의 경계를 교묘히 넘나들며 공간을 확장하고 덩치를 키운다. 하나둘 성공을 거두자 과할 만큼 많아지고 있다. 그들은 젠트리피케이션을 해결하는 묘법이라고 광고한다. 콘크리트를 덧댄 똑같은 풍경, 최소의 비용으로 덩치를 키워 상업적 요구를 충족시키는 조악함에 동네 풍경은 하나씩 허물어져 간다. 동네의 빠른 변화에 우려되는 지점이다.

공공기관들은 기존 건물에 외피만 덧씌워 고치는 변화를 선호한다. 구청, 소방서, 학교, 부속기관…. 고쳐쓰기지만 매력적으로 변한 곳을 찾기 어렵다. 많은 예산을 쓰는데 왜 그럴까. 최근에 고친 연희초등학교 앞을 지날 때면 색상 때문에 현기증이 난다. 학교가 발산하는 초록색, 주황색과 맞은편 '연경대반점'이 뿜어내는 붉은색 때문이다. 2018년 같은 해에 고친 두 건물은 강렬한 색상을 기존 건물에 붙였다. 이것이 동네, 학교, 아이들에게 좋을까. 초등학교는 왜 모두 알록달록해야 하고 중국음식점은 왜 온통 빨간색일까. 동네에 있는 집들인데 동네를 조금 더 생각해주면 좋을 텐데.

건물의 복수 용도를 허하자.

서울의 전체 건물면적은 585,254,570㎡약 1억 8천만 평, 2019년 기준이다. 서울 인구가 998만 명이고 이중 주거용도는 295만호다. 1인당 18평의 공간을 쓰는 셈이다. 지표는 공간이 부족하지 않다는 걸 보여준다. 새 건물을 계속 지어 도시를 고층화하고 공사판으로 활성화하는 것만이 해법인지 생각해 볼 일이다. 기존건물의 활용을 높여 풍경을 유지하고 쓰

(좌) 연희동 90-1, 2002년 노출콘크리트로 지어진 주택 '양광찬란'은 카페 '콘하스'로 바뀌면서 내부를 들여다 볼수 있게 되었다. 주택과 카페의 쓰임도 간극이 별로 없다.

(우) 동네의 집을 고치는 전형이 되어버린 곳들. 마당의 흙을 걷어낸 차고는 도로변의 상업시설이 되고, 처마, 발코니, 외부계단을 붙여 상업적 필요를 충족시킨다. 법의 경계를 교묘히 넘나들며 쓸 수 있는 곳을 늘리고 덩치를 키우는 방식이다. 하나둘 성공을 거두자 과할 만큼 많아지고 있다. 젠트리피케이션의 해법이라고 광고를 하지만 똑같은 모습이 수십 군데에 생겼고 동네 풍경은 지루해졌다.

임을 높이는 게 더 좋은 것 아닐까. 어떤 것이 지구와 동네와 사람에게 이로울까.

쉽게 바꿀 수 있도록 장려하는 기준을 만들고, 용도 제한은 가능한 없애야 한다. 그리고 공간을 다목적으로 쓰도록 건물에 복수 용도를 허용하자. 잘 고친 집, 용도를 바꿔 잘 쓰이는 집은 처음 지을 때부터 정성을 들여 지은 집이다. 1971년생인 우리집도 누군가의 솜씨 덕에 고쳐서 잘 쓰고 있다.

동네 풍광이 유지되고, 누적된 힘이 생기려면 오래된 거점이 많이 필요하다. 삶의 거점, 풍광, 지형, 길, 집, 공공장소…. 거점은 하루아침에 만들어지지 않는다. 바꿔쓰기 고쳐쓰기로 더 많은 거점이 지속해야 좋은 동네가 된다. 때려 부숴 '크고 넓고 높게' 짓는 것을 줄여 동네와 지구를 살리자.

스물한 번째
절기

대설 大雪

큰 눈이 내린다

동네 참여

대설. 큰 눈이 내린다는 절기인데 서울엔 소식이 없다.
한라산의 첫 눈 소식이 들려왔다.
눈이 온 지 며칠 지난 사진이지만 정상은 여전히 하얗다. 부럽다.
이사 오던 해 겨울 많은 눈이 내렸다. 간간이 뿌려진 염화칼슘으론
경사진 골목이 해결될 기미가 없다.

골목길 눈은 누가 치워?
글쎄…. 집집마다 치우는 것 아닌가.
사람이 다니기 어려울 정도였다. 오랜 아파트 생활선 그럴 일이 없었다.
누군가 해결해줬다. 진해에서 군복무를 했던지라 군대에서도
눈 치울 일은 없었다. 십수 년 만에 만난 고민이다.
차고에 플라스틱 빗자루와 눈삽이 있다.
기껏 50m인데, 잠깐이면 될 줄 알았다.

아들아. 어여 나와.
질척질척한 눈 아래 물이 흥건하다. 눈과 얼음이 섞여 무겁다.
일요일 미사 참석 대신 골목 눈 치우기를 시작했다.
쓸어낸 자리마다 색깔이 바뀐다. 묘한 쾌감.
사람이 다닐 수 있도록 골목 반쪽만 쓸다가 전체를 쓸게 되고,
골목 입구에서 도로까지 밀고 갔다.
눈 쓸기는 어딘가에서 멈추기가 어렵다.
각자 자기 집 앞을 치운다면 중간에서 만나겠지만….
끙끙거리며 대로까지 간다. 너무 길다.
한 시간을 씩씩거리고서야 동네 길을 청소하는 어르신을 만났다.

고마워요. 어디 사세요.
팬티까지 홈뻑 젖었다. 땀과 눈이 섞여 꾀죄죄 해졌지만
도로가 깨끗해진 상쾌함이 좋다.
올해도 그날을 기다리지만 아직 소식이 없다.
같이 쓸 아들도 제대했는데…. 쩝.

아들아. 낙엽 좀 쓸자.

지금요? 형 있을 때 하지.

단풍나무 한 그루에서 다섯 포대가 넘는 낙엽이 모였다. 아깝다. 마당에 묻어 거름으로 쓸 수도 없다. 겨우 집 앞 골목 하나를 쓸었을 뿐인데 땀으로 흠뻑 젖었다. 빨간 잎이 걷히니 도로의 까만 아스팔트 색이드러났다. 말끔해진 개운함은 치운 사람만이 안다.

동네를 작동시키는 사람들이 있어.

20여 년간 보던 신문을 끊었다. 읽을 매력이 사라진 지 오래지만, 새벽의 습관으로 유지해왔다. 종합지와 경제신문을 묶어 배달해주니 일주일마다 재활용 종이가 한 박스 가득하다. 수거날에 맞춰 내어놓은 종이박스가 치워지지 않을 땐 짜증이 올라왔다. 서울시 민원전화번호 120를 눌러 기어이 그걸 해결했다. 얼마 전에야 다 치워지지 않는 이유를 알았다. 경사가 급한 이 골목엔 큰 청소차가 들어오지 못한다. 담당하는 분이 작은 수레에 실어 큰 도로까지 가져간다. 쓰레기가 많은 날은 새벽 시간에 그걸 다 치울 수 없다. 부끄러웠다. 쓰레기를 줄이자!

04:00 쓰레기 치우는 수레가 움직이는 소리가 들린다. 택배 배달이 늘어 재활용 쓰레기가 늘자 수레는 작은 전동차로 바뀌었다. 다행이다. 이젠 늦은 밤부터 움직이는 소리가 들린다.

05:00 신문이 도착했다. 비 예보가 있는 날은 비닐에 꼭꼭 싸여있다. 작은 오토바이를 외팔로 타는 어르신이다.

05:30 '새벽배송'이라고 적힌 박스에 물건이 가득하다. 아래층에 사는 젊은이들의 주문. 이 시간에 도착하는 서비스다.

(상) 한 해 내내 그늘과 푸르름을 주던 나무의 낙엽을 치우는 일은 꽤 번거로
운 일이다. 동네에서 우리가 할 수 있는 일은 거창한 담론을 부르짖는 것이 아
니라 일상의 실천에 참여하는 것이다.
(하) 대설, 골목길에 쌓인 눈은 제때 각자 쓸어야 한다.

06:00 서대문04번 버스가 궁동산 종점을 출발한다. 연희동을 한 바퀴 돌아 신촌역까지 왕복하며 궁동산 언덕을 오르내리는 동네의 발이다.

07:00 아침에 온다는 정화조 청소 팀은 이 시간이면 벨을 누른다.

10:00 대문 고리에 '장腸'을 위한 음료가 가득하다. 세계 최초의 냉장고형 카트를 타고 움직이는 요구르트 아줌마의 시간. 2019년 '프레시 매니저'로 이름이 바뀌었지만 그렇게 불러보지는 못했다.

18:00 ~ 22:00 트럭 소리가 들리더니 귤 상자를 현관에 쌓고 간다. 골목에서 이제는 사람보다 택배 트럭을 자주 만난다.

22:30 민원 들어왔습니다. 조금만 조용히 해 주세요. 손님들과 떠드는 소리에 옆집을 대신해서 경찰이 출동했다. 야간에 가장 바쁜 일은 취객을 상대하는 것이라고. 아. 죄송.

24:00 04번 버스가 종점으로 돌아오는 시간. 4대가 쉼 없이 돌며 하루에 2,000명을 태운다. 이용자는 매해 100명씩 줄고 있지만, 언덕 많은 동네마다 이런 마을버스는 필수다.

도시를 지탱하는 이들의 시간과 노동에 관심을 가진 건 『임계장 이야기』조정진 지음, 후마니타스, 2020년를 읽고서다. 임시 계약직 노인장의 노동일지. 아파트에 살면서 눈을 치우지 않을 수 있던 것도 그들 덕분이었다. 이 책은 우리가 눈여겨보지 않았던 이들의 삶을 그대로를 전달한다. 이들의 삶을 이런 글로 쓴 사람이 없었다. 언론에 실리는 기사들은 대부분 일상보다 비일상의 것들이며, 힘 있는 누군가의 이야기를 대변하는 것이 대부분이다. 일상은 이런 일로 가득한데 이런 이야기는 잘 드러나지 않는다. 이야기가 전달될 통로나 수단도 별로 없다. 삶의 근저에서 묵묵히 자신의 일을 하고 이들. 책을 읽으며 그런 생각이 들었다. 우리는 모두 그런 역할을 해 주는 이들 덕에 편한 삶을 유지하며 동네도

(상) 동네의 발 서대문04번 마을버스. 새벽 6시 궁동산 종점을 출발해서 자정까지 운행한다. 연희동을 한 바퀴 돌아 신촌역까지 왕복하며 궁동산 언덕을 오르내리는 동네의 발이다. 4대가 쉼 없이 돌며 하루에 2,000명을 태운다. 이용자는 매해 100명씩 줄고 있지만 언덕 많은 동네마다 이런 마을버스는 필수다.

(하) 집의 위쪽 언덕에 있는 묘한 장소. '공원'으로 지정된 산인데 가설 건물에 작업자와 차량이 매일 드나든다. 가림막엔 '서대문구청 푸른도시과'란 글씨가 선명하다. 동네의 청결과 푸르름을 담당하는 이들의 거점이다. 공원을 점령한 그들에게 불편함을 드러내던 마음이 감사함으로 바뀌었다.

매끄럽게 작동된다. 코로나19로 더 분명해졌다. 보이지 않게 세상을 작동시키는 이들이 누구인지.

　자본주의 시스템은 '노동의 일'과 '정신의 일'과 '서비스의 일'과 '자본의 일'을 차별화했다. 며칠 전 귤을 따고 담고 옮기고 쌓고 넣고 포장해서 보내며 '학위나 건축가의 집 설계가 귤 따기보다 나은 게 뭐지'라는 생각이 들었다. 최근 발간된 마이클 샌델Michael Sandel의 『공정하다는 착각』은 학력과 능력주의 문제를 다루고 있어 반가웠다. 정신이나 지식이나 고학력이나 서비스나 생산이나 노동의 가치가 비슷해야 공정한 것 아닌가?

헌 옷 버리는 통이 없어졌네?
위 골목으로 옮겨 갔어.
거기도 없어졌어. 연희동 자치회관까지 갔다 왔어.
코로나19의 대응단계가 올라가자 궁동산체육관이 문을 다시 닫았다. 매일 하던 배드민턴 운동 대신 마스크를 쓰고 홍제천에 뛰러 간다. 우체국 택배차가 정차한 골목길에 04번 버스가 내려온다. 그 사이를 알록달록 배달 오토바이가 지나간다. 동네를 작동하는 이들이 곳곳에 있다. 수십 번을 뛰었지만 '홍제천 아름지기' 표시가 처음 눈에 들어왔다. 홍제천을 깨끗하게 하는 이들이다. 알아야 보인다.

집의 위쪽 언덕엔 묘한 곳이 있다. '공원'으로 지정된 산인데 가설 건물에 작업자와 차량이 매일 드나든다. '서대문구 푸른도시과'라고 쓰인 가림막이 보인다. 이곳은 동네의 청결과 푸르름을 담당하는 이들

(상좌) 동네행사 '가라지세일'(2019년) (상우) '유어보틀위크'. 친환경소비를 실천하는 이들. 연희동 곳곳
의 상점들이 행사에 동참한다. 이 기간에 우리도 그 방식의 소비에 참여한다.(2020년 52개 가게 참여)
(하) 새벽과 밤, 이 시간에 움직이는 많은 이의 노동으로 우리의 일상과 동네의 기능이 원활하게 돌아간
다. 감사합니다.

의 거점이다. 산인 공원을 점령한 이들에게 드러내던 불편한 마음이 감사함으로 바뀌었다.

동네에서 우리가 할 수 있는 일은 거창한 담론을 울부짖는 것이 아니라 일상의 실천에 참여하는 것이다. 쓰레기 줄이고, 분리수거 잘하고, 골목의 낙엽을 쓸고, 오르막에 쌓인 눈을 치우는 것이다. 안 쓰는 물건을 사고파는 '가라지세일'에 참여하고, 친환경 소비를 실천하는 '유어보틀위크' 같은 동네 행사에도 동참한다. 그리고 음지에서 동네를 작동시키는 이들에게 '고맙습니다'라는 말을 건네고. 가끔 음료수도. 동네에 산다는 것이란 그런 게 아닐까.

스물두 번째
절기

동지 冬至

가장 긴 밤

작은 아우성

밤이 긴 동지,
아침 시간인데도 밖은 아직 시커멓다.
까만 밤 때문에 까만 팥을 먹은 걸까?
'팥죽과 동치미'
동짓날은 꼭 그걸 먹어야 한다며 아내를 조른다.
좋아하지 않는 팥, 새알은 더 싫어하면서 이날만큼은
나이 수에 맞게 꼭 채워 먹는다. 이젠 개수가 많아져서
새알 대신 팥알 숫자로 대신할까를 고민한다.

눈雪, 며칠 전 기다리던 그분이 왔다.
까만 새벽, 반사된 그 빛에 기대 골목 눈을 쓸었다. 헥헥헥.
영하 10도, 30분 만에 땀이 송골송골 맺혔다.
몸에 올라온 열기를 믿고 베란다에서 커피를 마신다.
시린 손을 담요에 넣었다 뺐다를 반복한다.
이 순간이 참 좋다.
시린 손을 담요에 넣는 찰나,
미지근해진 손을 빼는 찰나.
냉기와 온기가 교차하는 순간 묘한 전율이 인다.
날이 밝아졌다. 시나브로 밝아지는데 늘 어느 순간 알게 된다.
이제 골목으로 나갈 시간이다.

골목 안쪽 벽을 쪼아 만든 기린을 그린 조각이 꽃 그림으로 바뀌었다. 상점 내부가 바뀌기 전에 담장 그림이 변화를 먼저 알린다. 시멘트벽을 쪼아 만든 솜씨는 정말 근사한 것이었다. 오래된 집과 담장의 시멘트벽에 미장이들이 그린 꽃 그림을 찾아다닌 신창범 기자는 그걸 '세멘꽃'이라 부른다. 그린 이의 말없는 소리다.

기린 그림이 사라졌네.

그러게 꽃으로 바뀌었어.

벽을 쪼아서 기린을 그린 조각이 꽃 그림으로 바뀌었다. 상점 내부가 바뀌기 전에 담장 그림이 주인이 바뀌었다는 변화를 먼저 알린다. 시멘트벽을 쪼아 만든 솜씨는 정말 근사한 것이었다. 오래된 집과 담장의 시멘트벽에 미장이들이 그린 꽃 그림을 신창범 기자는 '세멘꽃'이라 부른다. 멋진 작명이다. 그린 이의 말 없는 소리가 그곳에 담겨있다. 골목을 걸으면 누가 외치지 않아도 전해지는 이런 소리를 만난다. 아니, 본다. 헌법·법률·시행령·조례처럼 세상이 정한 규칙이 아닌 일상의 평온함을 지키기 위한 골목의 요청들이다. 그러나 그 소리는 법령보다 마음에 더 깊이 박힌다. 그런 작은 아우성이 반갑다.

동네의 작은 말들이 보이기 시작했어.

담은 경계를 구분하는 강력한 언어다. 이곳은 내 영역이라는 선언의 소리다. 그 사이를 다녀보면 동네의 말이 보인다. 긍정의 말, 금지의 경고, 안내의 신호, 작은 광고, 말 없는 소리 같은 동네의 작은 아우성이 들린다.

긍정의 말

- 우리는 이웃사촌, 인사하며 삽시다 미장이의 손글씨로 준공표지판을 새긴 동네 경로당. 그곳을 지키는 어르신이 바닥에 쓴 글씨, 정자에 앉아 인사를 건네면 받아주는 이가 없어서 써두었다고 했다.
- 영차영차! 급경사 언덕에 붙인 응원 글. 귀엽네^^

· 장수의자 건널목 신호등의 접이 의자. 누가 저곳에 앉을까 싶었지만, 어른들
은 자주 이곳에 앉아 신호 바뀌기를 기다린다. 그걸 알아차린 작은 배려가 반
갑다.

· 연희쉼터 편의점인데 동네 이름을 썼다. 물건을 사지 않아도 동네 사람 누구
나 쉴 수 있다는 마음의 표시.

· 재개발반대 사무실 몇 년 전부터 추진된 '연희1구역 재개발'의 어느 건물에
붙은 표지. 골목의 작은 간판은 궁동산 앞에 20층 아파트를 짓겠다는 계획
을 반대하는 목소리다. 반갑다. 재개발은 아직 제자리다. 산을 까부수고 경관
을 훼손하면서 오래된 것을 한번에 뒤엎어 짓는 것에 '개발'이란 이름을 붙여
합리화하는 것은 제발 그만하자. '반대'라는 부정문인데 나에게는 긍정문으로
읽힌다.

금지의 말

· STOP 미국 남침례교 한국 선교회 연희자택 입구의 경고. 걷다가 멈추지 않
을 수 없다. 연희동의 안산자락엔 오래전 서울외국인학교가 들어섰고, 그들의
주거지는 조계지마냥 불가침 구역이 되었다.

· 개 대소변금지. 화초가 죽습니다. 최소한의 양심을 지켜주세요 나무에 대롱대
롱 달린 표시. 오죽했으면….

· 금연, 담배피시면 물 뿌리겠습니다 고맙습니다 묘한 아우성이다.

· 쓰레기 무단투기 금지의 경고보다 '쓰레기 버리지 마세요'라며 그린 치켜뜬 눈
이 미소 짓게 만든다. 그러나 두 곳 모두 쓰레기가 쌓인 건 그대로다.

· 벌금 백만 원 전봇대 기둥에 휘갈긴 경고. 벌금을 모두 징수했으면 부자가
되셨을 텐데….

· 외부차량 절대주차금지. 이곳은 사설주차장입니다 국유지의 도로가 분명한
데 이런 안내판을 세웠다.

- 철재 가림막 사유지라며 궁동산의 등산로를 막아버린 벽체. 불법개발을 하다 건축허가가 취소된 땅 주인의 복수다. 도시는 경관을 동네 사람들은 등산로를 잃었다.

신호

- 연희동 344-143 · 344-189 나뭇조각을 붙여 만든 집의 입구. 지번과 화살표를 붙여둔 건 안쪽에도 사람이 사는 곳임을 알리는 신호다.
- 강아지에게 바가지 채로 물을 주지마세요 동네 약수터의 안내. 아무리 반려동물이라도 이걸 같이 쓰고 싶지는 않다는 말이다.
- 고양이 겨울집입니다 등산로에 길고양이를 위해 만든 임시 집. 작은 배려와 그걸 지키려는 신호.
- 2.0m 충돌주의 홍제천을 따라 이어진 산책로는 다리 구간에서 높이가 낮아진다. 저 높이에 부딪힌 사람이 누군지 궁금하지만….
- 여성안심 귀갓길 도로에 새겨진 이 글귀가 누군가에겐 경고로 누군가에겐 안심으로….
- 나무심기요령 매뉴얼은 글보다 그림에 먼저 눈이 간다.
- 안산자락길 안산의 보행길 바닥에 박힌 글씨. 이걸 뜯어가지 말라는 안내 아닐까.
- 학생, 빈방 있어요 글귀가 눈길을 끈다. 어르신의 남은 방을 학생들에게 저렴하게 임대하는 공유 주거 프로그램 안내문이다. 성공했을까.

작은 광고

- 먹고 싶다 갈비 귀엽네!
- 강아지 간식도 할인 중이에요
- 과일 Fruit 果實 양동이에 써 붙인 3개 국어 안내. 연희동엔 외국인이 많지.
- 수도배관 보일러시공 방수실 연희설비 손으로 쓴 오래된 간판.

(상) 연탄재의 아우성은 미소 짓게 만드는 소리다.
(하) 묘하게 생긴 계단, 반지하층에 환기가 필요해서 계단을 이렇게 만들었다
는 말을 스스로 하고 있다.

- 이 판에 적어주세요 화이트보드에 빼곡한 연락처들. 집수리 가게의 소통판.
- 화학첨가물 사용하지 않습니다. 오늘은 야채식빵을 만듭니다. 무인판매중입니다. 빵집의 안내판들. 무인판매 하는 '곳간'의 안내 문구엔 동네 사람을 믿고 싶은 마음이 꾹꾹 담겼다.
- 채우장 한 달에 한 번 열리는 친환경 오픈마켓의 안내판. 유리문에 마스킹 테이프로 쓴 이름. 그래도 사람들은 바글바글하다.

말 없는 아우성

- 담장에 끼어 꺼내 달라는 강아지의 표정.
- 담쟁이 줄기에 꽃을 그려서 봄을 부르는 소리.
- 연탄재를 부수지 말라는 소리.
- 대문에 화분을 걸어 오가는 이에게 인사를 건네는 마음의 소리.
- 담, 바닥, 전봇대를 뚫고 나오는 나무들의 몸짓.
- 자연사박물관의 벽을 뚫고 나오려는 공룡의 울부짖음.
- '수壽 복福' 철재 대문의 손잡이에 새겨진 문양. 이곳을 지나는 모두에게 복을 비는 마음이 담겼다.
- '누실명陋室銘'의 84자를 예서로 쓴 담벼락, 누추한 집이라도 군자가 그곳에 살면 빛을 발한다는 논어의 말을 전하고 싶은 집주인의 생각.
- 묘하게 생긴 계단, 반지하층에 환기가 필요해서 계단을 이렇게 만들었다는 말을 계단 스스로가 하고 있다.

골목에 새겨진 이런 표시들은 동네의 감정 언어다. 누구인지 몰라도 전하고 싶은 간절한 뜻이 담겼다. 이런 신호에 귀 기울여야 동네가 평온하다. 작은 아우성, 그것은 동네 사람들 마음의 소리다.

스물세 번째
절기

소한 小寒

강추위가 온다

연희동 사람들

한강에 걸으러 갈래?
이 추위에…?

소한.
강추위가 온다.
아니 왔다.

달력은 이미 해를 넘겼지만
음력 24절기의 새해는 아직 오지 않았다.
소한 대한이 양력과 음력 사이에서 버틴다.
추위寒가 자기 역할을 하는 때다.
한강이 얼기 시작했다.

보일러 배관이 많은 작은 방으로 옮겼다.
걷는 대신 뜨끈한 바닥에 등을 지지며
얼음이 동동 뜬 식혜 타령을 해보지만
먹을 수 있는 눈치는 아니다.
동네 지도나 챙겨봐야겠다.

연희동 경계와
토지구획정리사업 지구 현황

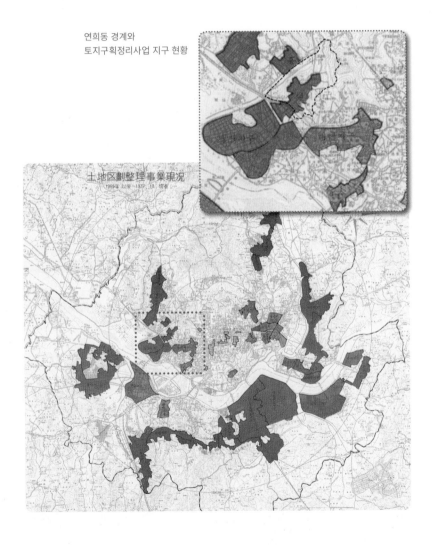

1967년 연희지구 토지구획정리사업은 41.8만 평이다. 연희동 92만 평의 절반이 넘고 산을 제외하면 대부
분이 해당한다. 연희동을 지금처럼 만든 것은 연희지구 토지구획정리사업이다. 불도저 시장이라 불리던 김
현옥 서울시장이 만들었다. 연희지구는 1966년 5월 24.3만 평으로 시작되어 1967년 41.8만 평으로 확대
되어 시행되었다. 궁동산과 안산 사이의 평지 대부분이 대상지다. 건설교통부고시 12호 1967.1-1970.12

연희동성당 가려고요.

거기 잘 알죠.

택시의 차고지가 연희동이라고 했다. 반갑습니다.

오래된 곳 같던데.

자유당 시절부터 있었데요. 100대나 돼요. 옆의 연남장도 거기 거예요. 큰아들은 강남에서 주유소를 하고, 택시회사는 작은아들꺼래요.

동네 사람들의 이야기는 자료가 보여주지 않는 지점을 알려준다. 신부님이냐는 질문에 입을 닫고 목적지가 아닌 큰길 건너편에서 서둘러 내렸다. 춥다.

연희동을 만든 사람들은?

연희동은 1420년 세종대왕이 '연희궁과 서잠실'을 만들며 연희동의 바탕과 근거를 만들었고, 1966년 서울시장 김현옥의 '토지구획정리사업'을 하면서 지금의 모습이 갖춰졌다.

세종대왕

연희동의 첫 기틀은 모두 '세종대왕' 때 만든 것이다. 집을 짓고서이궁 西離宮, 1420년, 이름을 붙이고연희궁 衍禧宮, 1425년, 터를 닦아잠실도회 蠶室都會 행정과 농사기능서잠실 西蠶室, 뽕밭이 작동하는 곳을 만들었다. 잠농을 위한 마을도 있었을 것이다. '기쁜 일이 넘치고, 복이 퍼지는' 뜻의 연희란 이름의 동네는 그렇게 시작되었다. 세종은 한글 창제 후 1년을 이곳에서 살았고, 연산군은 연회 장소로 자주 썼다. 영조는 불에 타서 사라진

(상좌) 1967년 연희동 풍경 (상우) 1968년 연희교차로 부근, 멀리 보이는 산은 궁동산이고 산으로 올라가
는 길은 산을 지키는 104고지 부대를 오가는 길이다. 출처: 뉴스1, 눈TV '골목, 이야기' 캡쳐
(하좌) 1969년 연희로. 연희 교차로에서 서대문 구청 방향의 모습. 출처: 서울 역사 아카이브
(하우) 1970년 연희동 연세 맨션아파트. 기찻길은 경의선. 지금의 연남동이며 연희지구 토지구획정리구역
의 한 부분이다. 2003년 코오롱 하늘채 아파트로 재건축되었다. 출처: KTV 대한뉴스 캡쳐

연희궁1617년 자리에 영빈의 묘의열묘 義烈墓, 1764년를 만들어 새로운 쓰임을 넣었다. 연희궁이 있던 주변은 궁에서 가깝고 안산의 기가 좋아 왕실의 묏자리가 많은 곳이 되었다. 그러나 농사를 짓는뽕밭·고추농사 주민의 일상은 조선말까지 지속되었다.

서울시장 김현옥과 구자춘

연희동을 지금의 구조로 만든 것은 '연희지구 토지구획정리사업'이다. 불도저 서울시장 김현옥이 만들었다. 1960년대 서울시는 신시가지 개발을 위해 20개 지구의 토지구획정리사업6,367만㎡을 진행했고, '역촌·망우·화양·창동·연희' 지구는 서울시가 직접 개발했다. 연희지구는 1966년 5월 24.3만 평806.1천㎡, 사업비 2.63억 원, 공공용지 23.1%으로 시작되어 1967년 41.8만 평으로 확대 조성되었다.건설교통부 고시 12호 1967.1-1970.12 궁동산과 안산 사이의 평지 대부분이다. 조선시대 이후 유지되어온 하천과 논밭은 깍둑썰기로 정리된 집터와 길이 되었다. 수용과 복개가 쉬운 하천들은 대부분 길로 전환되어 그 흔적이 남아있다.

연희지구 토지구획정리사업의 서류들엔 서울시장 김현옥, 건설부장관 주원, 국무총리 정일권의 결재가 선명하다. 김현옥은 1966년 당시 마흔 살이었다. 그는 땅의 개발을 위해 무허가 주택을 철거하고 시민아파트로 만드는 일에도 매진했다. 연희동의 간선도로, 연희동 입체로, 토지구획정리, 불법주택 정리들은 모두 그의 결재서류에서 시작된 결과다.

1961년 연희동의 북쪽 홍제천엔 판자촌 철거로 쫓겨 온 이들의 자조 주택이 세워졌다. 420세대나 된다. 김현옥 시장은 궁동산에 빼곡했

(상) 황야의 무법자로 불리던 구자춘 시장도 연희동 개조에 힘을 보탰다.
1976년 궁동산을 잘라 남북을 연결하는 도로를 냈다. 가좌동으로 넘어가는
지금의 증가로다. 시장이 참여해서 걷는 행사를 했던 개통식 모습. 언덕을 넘
으면 홍남교다. 출처: 서울 사진 아카이브

(하) 자조주택. 10평이 채 안 되는 규모의 콘크리트블럭 주택단지 조성 모습
이다. 도심에서 판잣집 철거로 쫓겨난 난민들은 연희동, 수색동, 가좌동 등지
의 허허벌판과 하천부지에 세워진 천막촌으로 입주했다. 연희동 182번지 일
대 천막촌의 경우 70채 천막에 420세대가 거주했다. 한 천막에 6세대가 거
주한 셈이다. 당국에서는 세대당 대지 10평, 시멘트 5포대, 석회 5포대를 나
눠주고 스스로 집을 짓도록 했다. 아직도 건축물대장엔 이 건물들이 남아있
다.(1961.7.11) 출처: 서울 역사아카이브

던 불법주택을 정리해서 '연희A·B지구 시민아파트'로 바뀌었다. 이어 황야의 무법자로 불리던 구자춘 시장재임 1974~78년도 연희동 개조에 힘을 보탰다. 1976년 궁동산을 잘라 남북을 연결하는 도로를 냈다. 연희삼거리에서 흥남교가 이어진 것이다. 지금의 증가로다. 준공식 날 그는 동네 유지들과 그 길을 가로질러 걸었다. 그렇게 연희동의 큰 틀이 만들어졌다. 구자춘 시장은 많은 양의 도로, 지하도로, 육교를 건설했다. 김성홍 교수는 "그가 재임하던 4년간 건설한 도로의 총길이가 오스만이 17년간 파리 개조사업으로 건설했던 대도의 길이와 맞먹는다."고 했다. 연희동도 그 건설의 한 부분에 있었다. 지금의 연희동은 산·하천의 자연과 옛길, 학교, 토지구획정리사업의 인공이 누적된 결과다.

연희동하면 떠오르는 사람들은?

두 전직 대통령

어디 가세요?

그 골목은 늘 경찰들이 길을 막아서며 묻는다. 전두환·노태우 두 전직 대통령의 집이 있는 골목은 한산하다. 집이 몇 채 안 되기도 하지만 누군가 지키고 있기 때문이다. 고 전두환 사택의 대문 위엔 영춘화가 심겨 있다. 봄을 가장 일찍 맞이하는 꽃, 그가 직접 골라 심었을까. 지방에 사는 조카들에게 전직 대통령이 사는 동네라는 말이 연희동이란 지명보다 더 쉽게 설명된다. 파출소가 생기고 골목을 지키는 부대가 있어 한동안 치안이 좋은 덕을 보기도 했지만 주민들에겐 불편함의 기억이 크다. 그들의 집도 연희지구 토지구획정리사업 때 둥지를

(좌) 연희동의 동쪽에 집중된 외국인들의 거주 지역은 도심의 조계지(租界地) 같다. 공공도로에 '서울외국인학교'라는 대문을 세워 도로를 막기도 한다. (중) 'Yunhee Manor, 미국 남침례교 한국 선교회 연희자택'. 선교사들은 19세기말 한국에서 다양한 선교활동을 했다. 연희동도 그런 거점 중의 하나다. Manor란 표식이 눈에 거슬린다. 영지(領地)라는 뜻이다. (우) 중국인들의 거점인 한국한성화교중고등학교

틀었다. 전직 대통령, 그들의 집이 있는 골목을 다니는 것은 자유롭지
못하다.

미국 선교사와 화교

여기는 완전히 다른 세상이네.

연희동의 동남쪽 언덕은 외국인의 주된 거주 지역으로 조계지租界地
같다. 공공도로에 '서울외국인학교'라는 대문을 세우고 도로를 막기
도 한다. 19세기 말 외국인들은 개항장의 가장 높은 지역을 택해 그들
의 동네를 만들었다. 인천, 군산, 부산, 진해 등의 조계지. 연희동 동쪽
언덕도 다른 의미의 도심 조계지다.

　　서울외국인학교 입구의 주택단지 앞엔 'Stop'이라고 쓴 표시 위에
묘한 문패가 걸려있다. 'Yunhee Manor, 미국 남침례교 한국 선교회
연희자택'. 선교사들은 19세기 말부터 한국에서 다양한 선교 활동을
했다. 연희동도 그런 거점 중의 하나다. 그런데 아직도 작동 중인 것
같다. Manor란 표식이 눈에 거슬린다. 영지領地라니.

　　미국 선교사들은 연희동의 가장 오래된 동남쪽 지역을 차지하며
동네를 고정시키는 역할을 했다. 안산자락이 이어진 이곳은 조선왕실
의 묘가 많았던 곳으로 연세대학교 경계 부근엔 아직 지목이 '묘墓'인
곳이 많다. 1917년 선교사들은 고양군 연희면 창천리의 땅 190,320
평을 매입해서 연희전문학교의 경계현재 연세대학교를 만들었다. 서울외국
인학교, 인접한 외국인 주택지, 대학교수들의 주택까지 안산의 남쪽에
벨트를 형성했다. 이후 대만과 홍콩 출신의 화교들이 화교의 토지취득
제한법 제정1968년, 한성화교중고등학교 이전1969년을 계기로 이곳에 정

조각가 김영중이 세운 '연희조형관', 중앙선데이 정재숙 기자는 "조형관이 들어선 연희동 이웃에 전두환·노태우 당시 대통령 사저가 있던 탓에 10년 넘게 보안 문제 등에 걸려 고전하다가 단 1회 전시를 끝으로 활동을 접어야 했다."고 말한다. 이제 예술가의 그 집은 '연희중앙교회'로 바뀌었다. 연희동 최초의 문화시설은 빛을 발하지 못했다. 고 전두환의 집으로 들어가는 골목 입구다. 건축가_김인철

착하며 연희동을 중국 음식의 거점으로 만들었다. 언덕에 자리 잡은 이 세 학교 덕에 연희동의 동쪽은 고착되었다.

　서울은 이주민의 도시, 연희동은 외국인의 동네다. 서울 인구의 2.5%가 외국인인데 연희동은 7.6%다. 3100명이 산다.남 1,293명·여 1,807명, 2019년 기준 외국인이 많은 혼성의 동네일수록 다양함이 크다. 선교사와 화교들은 연희동의 동남쪽의 벨트를 만들었고 밀을 동네 맛의 중심이 되게 했다.

예술가와 공인

조각가 김영중又湖 金泳仲 1926~2005년은 1986년 연희동에 '연희조형관'을 세웠다. 중앙선데이 정재숙 기자는 "김영중은 미술의 공공성 실천을 위한 법안인 '미술장식품법'을 발의하고 앞장서 뛴 활동가였다. 공공미술 연구자와 후학을 위해 '연희조형관'을 만들었으나 시대가 그를 도와주지 않았다. 조형관이 들어선 연희동 이웃에 전두환·노태우 당시 대통령 사저가 있던 탓에 10년 넘게 보안 문제 등에 걸려 고전하다가 단 1회 전시를 끝으로 활동을 접어야 했다."라며 집의 숨은 이야기를 전한다.

　예술가의 그 집은 2008년 '연희중앙교회'로 바뀌었다. 연희동 최초의 문화시설은 제대로 빛을 발하지 못하고 용도가 바뀌었다. 기둥에 세워진 건물표지판에 그 건물을 지을 때 참여한 건축가 감독관 시공자들의 주민등록번호까지 선명하다. 그곳은 전두환의 집으로 들어가는 골목 입구다.

　2018년엔 화가 박서보의 집이자 전시관인 '기지GIZI'가 연희로의

(상) 화가 박서보의 집이자 전시관인 '기지(GIZI)'가 2018년 세워졌다. 동네에 어우러지기보다 스스로를
봉쇄한 것 같다. 비슷비슷한 모습의 동네 분위기를 바꿀 거점이 되기를 선언한 것 같다. 기지가 연희동에
어떤 역할을 할지 궁금하다. 건축가_조병수
(하) 오랫동안 동네를 지키는 사람들. 'since1978'이라는 간판의 자부심. 40년이 넘었다.

동쪽에 세워졌다. 기지는 동네에 어우러지기보다 자신을 스스로 봉쇄한 셈이다. 하얀 철판에 구멍을 낸 투과막과 노출콘크리트에 구멍을 낸 배려가 세심하고, 휘어진 소나무가 골목길에 서 있지만 경사지를 가득 채운 거대함은 이질적이다. 비슷비슷한 모습의 동네 분위기를 바꿀 거점이 되기를 선언한 것 같다. 존재를 드러난 기지가 연희동에 어떤 역할을 할지 궁금하다.

　유명 탤런트 부부가 살던 집은 여의도순복음교회의 사택으로 바뀌었고, 1970년대 법무부 차관의 집은 카페가 되었다. 현직 장·차관의 집도 연희동 곳곳에 많다. 많은 예술가와 공인들이 이곳에 살았고 산다. 최근엔 인근 상암동으로 방송국들이 옮겨오면서 연예인들의 이주가 부쩍 늘었다. 동네의 삶이 분명 예술가와 공인들에게 깊은 영향을 준 것은 분명한데, 그들은 동네와 어떤 의미로 연결되는 것일까.

그러나, 연희동을 지속시키고 작동하게 만드는 이들은 이곳에 사는 보통 사람들이다.

오래된 사람들

1974년 연희시장을 '사러가'로 변신시켜 유지하고 있는 기업가 남OO, 1952년 시작한 빵집 체인점을 연희동에서 이어가고 있는 '독일빵집'의 가족, 80을 넘긴 할머니는 지금도 그곳을 지킨다. 'Since 1978'을 간판에 걸고 대를 이어 동네의 빵 맛을 책임지고 있는 피터팬, 이곳에 오래 살았던 후배는 어머니가 젊었을 때부터 그 빵을 사줬다고 했다. 3대째 이어가는 연희동 토박이 대구떡집, 이품, 연희칼국수, 연희단팥죽, 연희김밥…. 그리고 동네 어르신과 음식나눔 품앗이를 하며 노인정 역할을 하는 샤넬미용실까지. 대를 이어 연희동을 지키는 이들이 많다.

친환경 실천가들

친구와 둘이서 해요. 한 명은 '채우장'에 빵 팔러 갔어요.

그게 뭐에요.

한 달에 한 번씩 장이 서요. 매월 첫째 토요일에 '보틀 팩토리'에서 '순환생태'에 맞는 제품을 팔아요. 저희도 비건 빵집이라 작년에 합류했어요. 이날을 기다리는 사람들이 많아요.

몇 번 지나쳤던 곳이다. 오래된 집의 안쪽은 비가 이렇게 오는데도 발디딜 틈 없이 사람이 가득하다. 20~30대의 젊은 그룹이 대부분이다. 꽃과 야채를 사들고, 테이블에선 커피를 마시며 삶은 옥수수를 먹고 있다. 뒷문 밖으로 나갔다. '고양 찬우물 농장'이라고 종이에 쓴 글씨 간판. 야생화, 가지, 개구리참외, 저욱지, 호박꽃…. 30가지가 넘는 물건이 가득하다. 그곳엔 김이 모락모락 나는 삶은 옥수수 냄새가 허기를 자극했다.

예전의 농사라는 건 여러 가지를 키워서 먹다가 남은 거 조금씩 팔았잖아요. 저희도 그런 개념으로 농사를 지어요.

젊은 농부는 몸뻬 바지를 입고 아무렇지도 않게 그 말을 뱉는다.

이거 먹어도 돼요. 호박꽃이에요.

고추 2개랑 이거 한 개 주세요. 카카오뱅크로 이체했어요.

거래하는 수량도 결재 방법도 젊다. 옥수수 6개를 삶아달라며 현금을
꺼냈다.

아래층에도 파는 데 있어요.
삐걱거리는 문짝 유리에 '채우장'이라는 글씨를 종이테이프로 잘라
붙였다. 주먹밥, 카레, 소금, 커피, 비누···. 파는 사람과 사는 사람 숫자
가 비슷하다. 가방에서 유리통을 꺼내 한 줌씩 덜어서 물건을 담는다.
순환생태. 폐기물 제로. 실천가들이다.
　'보틀팩토리' 이들은 버릴 것 없이 채우는 일상이라는 주제로 '유
어보틀위크your bottle week' 행사를 매년 진행한다. 지역 기반 '제로 웨이
스트' 실천에 연희동-52개 가게 참여의 상점들이 동참하고 있다. 우리는 이
물건을 사는 것으로 마음을 보탠다.

학생들
슬리퍼를 끌고 외투를 걸친 학생들이 부스스한 모습으로 골목을 누비
고 있다. 일요일 정오를 넘긴 시간 이 골목 편의점이 부산스럽다. 연세
대학교 서문 아래엔 학생들의 숙소가 밀집해 있다. 토지구획정리사업
이전부터 형성된 곳이라 골목도 좁고 구부러진 곳이 많다. 연희동은
70대 이상과 20대의 비율이 높다. 동네에서 가장 오래된 지역에 이들
이 산다.

그리고 우리
수요일에 모여서 방어 먹기로 했어요. 오세요. 옆의 횟집에서 방어 가져

(상) 동네를 기반으로 선한 영향력을 만드는 사람들, 2020년 2월 연남장에서 열린 '도시를 공략하라'는 세미나.
(하) 연희동의 마을 축제와 전시, 먹거리 장터 등의 활동 포스터. 소소한 개인의 일상이 모여 동네의 문화가 된다. 개인의 작은 실천이 모여 동네를 변화시킨다. 특별한 사람들보다 '지금 여기' 연희동에 사는 36,600명 보통사람들의 일상이 연희동을 만든다.

오고 저희는 그걸 훈제하고 오른쪽 카센터는 술 담당하기로 했어요.
훈제연어집 '롱보트 스모커'를 연 캐나다 출신 주인의 말이다. 집 근
처에 있어 몇 달 만에 단골이 된 우리를 초대한 셈이다. 동네 구석구
석 작은 거점들이 생긴다. 예술과 공방을 하는 젊은 사람들이 늘어나
고 있다. 우리는 길을 잘못 들어서 올라간 궁동산의 풍광을 보고 이
곳에 왔다.

사소한 개인의 일상이 모여 동네의 문화가 된다. 개인의 작은 실천이 모
여 동네를 변화시킨다. 자신의 집을 공개하는 '남의 집 프로젝트'가 시
작된 곳도 연희동이다. 특별한 사람들보다 '지금 여기' 연희동에 사는
36,600명 보통 사람들의 일상이 연희동을 만든다. 2020년 2월 연희동
답사와 함께 '도시를 공략하라'는 세미나가 연남장에서 열렸다. '앞으
로 도시는 쓰는 사람, 유저가 주인공이 된다.'라는 메시지를 던진 발표
자의 말이 마음에 닿았다. 쓰는 사람이 주인공이다. 동네도 그렇다.

스물네 번째
절기

대한 大寒

큰 추위

연희동다움

24절기의 마지막 '대한'이다.
'소한의 얼음이 대한에 녹는다.'고 했는데 그럴 기미는 없다.

좀 있으면 신구간이야.
제주도에서는 대한 후 5일에서 입춘 전 3일까지를
신구간新舊間이라 하여 이사와 집수리 등 큰일을 치른다.
큰 탈이 없는 좋은 기간으로 믿어 전승되고 있어
이때 집중된다고 했다. 대한을 기억하는 방법이 다르다.

집이 부서졌다.
대문 처마의 콘크리트가 떨어져 폭격을 맞은 것 같은 사진이 왔다.
와장창. 소한 무렵 내린 눈이 갈라진 틈으로 들어가 얼면서 생긴 일이다.
소한의 얼음이 대한에 만든 참사다.
골목을 다니는 이들, 택배기사 그리고 우리 집….
아무도 없던 시간에 떨어진 것에 감사한다.
저 위의 누군가, 문전신門前神 덕분이다.
집은 50년간 잘 쓰였고, 수리가 필요한 균열을
오랫동안 보여줬음에도 '건축가'는 무심했다.

아버지 자요?
밤 10시. 아들의 전화는 건축가가 그런 상황에서 잠이 오냐는
물음이자 질책이다. 신구간에 할 일이 생겼다.
동네를 위해서라도 집을 잘 챙겨야 한다.

연희동의 사계와 풍경

우도에 몇 명 살아요?
민박집 주인은 1,700명이라는 답과 함께 동네 신문 '달그리안'을 건넨다.

연희동에도 마을 신문이 있나?
서대문소식지는 있지.
연희동은 우도의 절반 크기에 3만 6천 명이 사는데…. 무엇이 만든 차이일까.

24절기에 따라 연희동을 보고 걸었다. '절기'는 여전히 우리 몸에 잘 맞는 '의례儀禮'다. 농촌에서 도시로 바뀐 지금의 연희동에서도 유효하다. '연희동' 차별성과 고유함은 무엇일까.

연희동다움이 뭘까?
그런 게 있나?
'온갖 잡동사니가 섞여 있는, 그렇다고 너무 부산스럽지 않은…' 말꼬리를 흐린 아내의 답과 '조용하고 인심 좋고 점잖고…'라던 주민의 말이 떠오른다. TV프로그램 <유퀴즈>에 출연했던 동네 미용실 주인의 연희동에 대한 답이다.

　　궁동산 북쪽 연희동 533번지 일원엔 20층 1,002가구의 '연희1구역 주택재개발'이 꿈틀거리고 2021년 여름부터 빈집이 많아졌다. 홍제천의 사천교 앞엔 '청년콤팩트 시티' 154가구가 지어지는 중이다. 연희삼거리엔 경전철 '연희역'이 2028년에 세워진다는 소식이 들리고, 서울 2차 공공

(상) 衍禧(연희). '기쁜 일이 넘치는 동네'라는 뜻으로 세종이 지은 이름이다. 『조선왕조실록 태백산사고본 10책 29권 25장 A면』
(하좌) 연희동의 도시계획 현황. 산·하천·자연경관지구·비오톱·미관지구·전용주거·일반주거…. 지금도 충분히 느슨하다. (하우) 궁동산과 안산 사이로 흐르던 하천. 물소리가 들리는 곳이 있다. 아래로 여전히 물이 흐르고 있지 않을까. '희빈 장씨의 우물'도 물길 위의 지점이다. 물길이 복원되는 꿈을 꿔본다.

재개발 지역에 호출된 연희동 721-6번지 일대의 출렁임도 생겼다. 이런 대규모 개발이 진행되면 궁동산의 풍광은 사유화될 것이고, 동네는 조용함에서 점점 멀어질 것이다. 이런 큰 개발이 계속되어도 동네의 매력이 그대로 유지될까. 변하지 않는 것이 능사일까. 무엇이 지속되어야 할까. 돈의문박물관마을의 교훈을 새길 필요가 있다. 건축이나 도시조직을 유지하는 것도 중요하지만 삶의 지속이 먼저다. 어쩌면 지금 해야 할 일은 아무것도 하지 않은 일 아닐까.

마음속 깊은 곳에 그대로 유지되었으면 하는 존재가 남아있어야 동네의 고유성이 지속된다. 연희동의 너른 들판은 1960년대 모두 집터로 바뀌었고 산과 산 사이에 흐르던 하천은 모두 사라졌다. 그러나 연희동엔 안산과 궁동산, 그리고 홍제천이 그대로 있다. 600년 전 연희동은 그곳에서 시작되었고 동네의 본질도 그곳이다. 게다가 동쪽은 학교 땅이 병풍처럼 막고 있다.

　박길룡 교수는 『서울체』에서 '서울은 도시정책의 난맥으로 몸은 상처투성이지만, 한강이 있고 북한산이 있고 남산이 있기 때문에 버텼다.'라고 했다. 연희동도 그렇다. 궁동산과 안산과 홍제천이 있다. 그걸 지키는 것이 연희동다움이다.

동네를 공부하고 구석구석 다니며 찾아낸 지점과 생각을 모았다.

이름 회복

연희동 '延禧'에서 '衍禧'으로 복귀하자. 세종이 처음 지은 이름대로. '기쁨이 넘치고, 복이 퍼지는'이라는 뜻이다. 西離宮號衍禧宮, 세종실록 29권

세종대왕을 기억하자

연희동의 탄생은 연희궁을 짓고 이름을 내린 세종으로부터 시작되었다. 그는 한글 창제 후 1년 넘게 이곳에서 살았다. 연희동은 희빈 장씨보다 세종대왕을 기억해야 한다.

연희동 생일잔치

1월 16일은 연희동의 생일이다. '세종 2년1420년 음력 1월 2일' 이곳에 궁궐을 지었고, 세종 7년1425년 10월 11일·음력 8월 3일 그 이름을 지었다. 동네 축제를 연희동 생일잔치로 하면 좋겠다. '의례'란 어떤 시간을 다른 시간과 다르게 하고, 어떤 날을 다른 날과 다르게 만드는 것이라는 '어린왕자'의 말이 떠오른다.

연희동 나무

뽕나무와 소나무, 서잠실인 이곳과 연희궁 뒷산에 가득했던 나무들이다. 홍제천변에 남아있는 뽕나무를 돌보고 더 심자. 궁동산과 안산 구석구석의 소나무도 더 돌보고. 동네 나무를 뽕나무로 하면 어떨까.

연희동 보호수

언더우드가기념관 마당의 '메타세쿼이아'는 연희동의 신목으로, 서울시 보호수로 관리되면 좋겠다. 골목과 산의 큰 나무들에 '연희동나무' 번호도 붙이고.

연희동 채소 심기

마을 텃밭을 만들고 유휴지가 여러 곳 있다, 동네 특작물을 심자. 고추, 마늘, 부추, 파, 염교, 무, 청채가 이 동네에 잘 자라던 채소다. 특히 고추. 공동김장의 양념으로 쓰고 이웃에 나눠주는 것은 어떨까.

막힌 길 열기

궁동산을 난개발하며 막은 산책길을 열고, 순복음교회의 사택이 막아버린 골목을 열어 동구물어린이공원과 연결하고, 신연중학교 후문 계단은 동네 텃밭이나 마을 공동시설로 만들자.

옛 물길 회복

궁동산과 안산 사이의 물길들엔 지금도 하천이 흐르고 있다. 물길은 대부분 동네 골목길이 되었다. 장희빈우물터도 물이 지나가는 자리다. 동구물어린이공원의 앞은 물길 회복이 가능하다. 물길 - 동구물어린이공원 - 막힌 골목길이 회복되면 좋겠다.

연희궁 흔적 회복

'연세역사의 뜰'은 600년 된 '연희궁' 자리다. 그곳에 널린 석재들은

불탄 궁궐의 것으로 보인다. '연세역사의 뜰'이 아니라 '연희궁 역사의
뜰'이란 이름이 마땅하다.

동네 브랜드 '연희' 인증

가게의 이름, 동네의 멋진 장소, 좋은 집, 배려 깊은 담장, 큰 나무들을
'동네 유산'으로 만들어 그것에 인증 마크를 붙이자. '연희동 30-24'
의 담장은 궁궐의 담장 수준이다. '동네 유산'으로 충분하다. 연희동
이름의 뜻처럼 '기쁨이 넘치고, 복이 퍼지는' 곳곳의 동네 유산을 알
리고 유지하자.

동네운동, 연희계

전영후의 『우리 소나무』에 나오는 '송계松契' 이야기에 머리가 맑아졌
다. 파주송계1665년를 필두로 전국에 258개가 있었다. 소나무를 잘 관
리하고 수호하여, 적절하게 채취하고 균등하게 배분하여 고르게 이익
을 나누고자 이름을 송계라 부르게 되었단다. 조상들은 동네를 지키
는 지속 가능한 개념을 창안하여 생활화했다. 놀랍다. 동네나 골목에
도 '골목계, 동네계'가 있으면 좋겠다.

연희길 잇기

'궁동산 둘레길 – 안산자락길'에 연세대 북문-서문 사잇길, 그리고 동
네 보행길을 이어 연희길을 걷자. 산과 나무 골목마다 매력이 넘친다.

달빛 걷기

안산자락길은 '달빛 걷기'의 매력이 있는 길이다. 도심에서 까만 밤의 황홀함을 맛볼 수 있다. 낮이 아닌 어둠을 회복하자.

오래된 집 고쳐 쓰기

연희동의 가장 오래된 집은 연세대학교 안의 '언더우드가기념관'이다. 오래된 집은 고쳐 쓰면 좋겠다. 구청에서 연희동에서 가장 오래된 집이라고 안내하고 좋은 건축가의 손길이 이어지기를 소망한다. 혜택도 주고.

현대식 동네 정자 만들기

버스정류장을 현대식 정자亭子로 만들자. 홍제천의 나무 정자는 동네 어르신들의 놀이터다. 돈을 내지 않고 쉴 수 있는 장소가 많은 동네는 풍요롭다. 기존의 장소가 어렵다면 대규모로 개발되는 연희1지구, 행복주택, 연희역에 세워질 수 있지 않을까.

경관유지

풍광과 시선은 공공재다. 특히 궁동산, 안산, 홍제천, 한강 쪽으로 열린 시선과 풍광은 모두의 것이다. 현재의 제한이 유지되거나 강화되거나 3차원 계획으로 세밀화하자. 그리고 산을 제발 그대로 두자.

연희동 매력 지도

동네의 매력이 담긴 지도를 만들어 관공서, 동네 학교에 두고, 전입한

안산자락길의 사계

이들에게 나눠주면 좋겠다.

차 없는 구역, 차 없는 날

좋은 동네란 걷기 좋은 동네다. 어느 동네나 관점을 바꾸고 지속적으로 확대해야 할 일이다.

보행로 중심의 가로수 심기

각자의 참여로 힘든 부분이지만 대로변의 걷는 길 양쪽이 초록이 우거지면 좋겠다. 차량보다 보행자 시선에서. 몇 곳의 모범적인 곳처럼. 큰길에 면한 집의 도로 쪽이 조경공간이 되면 해결책이 된다. 골목길의 담장이 만든 풍경이 그걸 입증하고 있다.

동네 참여

큰 담론보다 작은 실천이 더 중요하다. 청소하고 눈을 쓸자. 담장에 화초를 키우는 이들을 칭찬하자. 동네 기반으로 친환경 운동을 하는 '유어보틀위크Your bottle week'처럼 이미 실천하는 이들에게 힘을 보태자.

무엇보다 대규모 개발을 만들지 말고 궁동산과 안산, 홍제천의 풍광이 유지되도록 해야 한다. 불용예산을 쓰는 대신 빈땅, 빈집을 사서 공공유보지를 확보하면 좋겠다. 미래의 자산이 될 것이다.
뭐라도 실천하자. 나부터.

함께
걷기

'연희동'이란
잣대

연희동사진관에서 찍어주신 가족 사진

이제 우리에겐 연희동이란 잣대가 생겼다.

92만 평 · 3.6만 명 · 500개의 길 · 두 시간 걷기 ·
안산의 높이 296m · 안산자락길 7km 같은 동네의 크기가
몸에 들어왔다.
여의도의 몇 배 같은 추상적 비교가 아니라
내 몸이 기억하는 연희동의 잣대다.
걸어서 15분은 일상의 공간으로, 30분은 우리 동네로,
두 시간은 걸을 만한 곳이 되었다.
일주일을 우도에서 지내며 180만 평이란 섬의 크기는
'연희동의 2배'라는 지표로 우리의 움직임을
가늠하게 해줬다.

한라산과 천왕봉, 큰 섬과 촌동네, 바다와 경호강이라는
서로 다른 고향의 잣대를 가졌던 우리에게
연희동이란 기준이 생겼다.
황현산 선생은 '근본적으로 유지되는 잣대가
사람들 고향의 잣대'라고 했다.
이제 우리에겐 연희동이 새로운 잣대다.
동네의 매력과 이야기도 하나씩 더해지고 풍성해져서
줄기처럼 이어지고, 그 줄기 속에 연희동도 함께하면 좋겠다.

언제와도 편안한
뽐내지 않고 자연스러운 그런 동네.
세종이 지어준 연희衍禧란 뜻대로
'기쁜 일이 넘치고, 복이 퍼지는'
그런 동네.
연희동다움.
흐려지면 안 돼. 자기 색으로 자리를 지켜야지.
우리도. 함께.

연희동
우현이 걷다

© 우대성 현영미 2022

초판 1쇄 찍음 **2021년 12월 20일**
　　　　펴냄 **2022년 1월 2일**

글 · 사진 **우대성, 현영미**
편집 **박지현**
일러스트 **송영구**
제작 **김혁준 · 픽셀커뮤니케이션**
용지 **이지포스트**

펴낸이 **이정해**
펴낸곳 **픽셀하우스**
등록 **2006년 1월 20일 제319-2006-1호**
주소 **서울시 강남구 논현로 26길 43, B1 studio**
전화 **02 825 3633**
팩스 **02 2179 9911**
웹사이트 **www.pixelhouse.co.kr**
이메일 **pixelhouse@naver.com**

ISBN **978-89-98940-18-8 (03910)**
정가 **18,000원**

*이 도서는 한국출판문화산업진흥원의 '2021년 출판콘텐츠 창작 지원 사업'의 일환으로
 국민체육진흥기금을 지원받아 제작되었습니다.